영화가 말했다

국립중앙도서관 출판예정도서목록(CIP)

영화가 말했다 : 욕망에 가득찬 우리들의 민낯 / 지은이: 이승연
, 김용희. -- 서울 : 초록비책공방, 2015
    p. ;   cm

ISBN 979-11-86358-03-0 03680 : ₩14000

한국 영화[韓國映畵]
영화 평론[映畵評論]

688.0911-KDC6
791.4309519-DDC23   CIP2015024607

영화가 말했다

욕망에 가득찬 우리의 민낯

이승연, 김용희 지음

영화 같은 우리의 진짜 모습 마주하기

《영화에게 세상을 묻다》이후 2년만이다. 영화와 우리 사는 얘기를 접목한 것이 흥미로웠던지 몇 차례 강의요청을 받고 지금까지 많은 분들을 뵈며 〈영화 같은 현실, 현실 같은 영화〉를 진행하고 있다. 이 지면을 빌어 독자들과 더불어 강의를 찾아주신 분들께 감사의 말씀을 전한다.

이번 책을 기획하면서 우리는 중요한 전환점을 돌게 되었다. 20년 전 우리는 같은 대학 시사공부와 토론을 하는 스터디모임에서 만났다. 졸업 후 한 사람은 광고회사로, 또 한 사람은 국회로 들어가 서로 다른 길을 걸었지만 우리의 대화는 지금까지도 대학 시절의 연장선상에 있다. 서로를 알아온 긴 시간 동안 어느새 많이 닮아갔구나 싶은데도 끝장토론으로도 좁혀지지 않는 의견충돌이 잦은 걸 보면 죽을 때까지 우리는 변하지 않겠구나 싶었다.

그러던 우리가 조금 변했다. 나이가 들어서일까. 사회에서 사람으로 시선이 옮겨졌다. 그동안 우리는 우리 사회의 많은 문제를 법적·제도적 시스템의 부재 혹은 미비에서 찾았다. 정치적 이해관계의 충돌과 현실과 유리된 탁상행정, 무너진 사법 정의, 양극화를 부추기는 경제 정책, 무한경쟁 일변도의 교육현장 등 우리를 둘러싼 세상의 외관에 좀 더 치중해왔던 게 사실이다.

그러나 우리의 고통과 불행이 반드시 외부적 요인에서 시작된 것은 아니라는 생각이 들기 시작했다. 법적·제도적 시스템은 결국 우리의 인식 수준과 문화가 만드는 것이기 때문이다. 2015년 대한민국을 공포의 도가니로 몰아넣었던 메르스 사태를 상기해보자. 문제는 당국과 의료기관의 미흡한 조치에만 있는 게 아니었다. 성숙하지 못한 후진적 시민의식도 화를 키우는 데 크게 일조했다. 이는 어떤 문제라도 그 원인이 외부에만 있는 것이 아님을 일깨워준다.

이후 우리는 우리를 지배하는 보편적인 심리의 왜곡됨과 부조리함을 심각하게 들여다볼 필요성을 느꼈다. 소통과 공감을 외치면서도 도저히 서로의 간극이 좁혀지지 않는 이유는 나만 빼고 다 이상한 것 같은, 내 맘 같지 않은 남의 마음을 이해하려 들지 않는 탓이다. 그러나 사실 우리는 자기 자신의 마음도 제대로 알지 못할 때가 있다. 그러니 남의 마음까지 안다는 건 언감생심이자 어쩌면 욕심일 수도 많다. 그래서 시도하는 것이다. 내 마음도 알고 남의 마음도 알아보자고.

사회를 얘기하든 사람을 얘기하든 우리는 영화라는 렌즈를 통해 세상을 본다. 영화야말로 우리 현실 세계의 축소판인 데다 영화를 통해 현실을 보면 액면 그대로의 현실을 얘기했을 때 느끼는 거부감이나 피로감이 상당 부분 해소되기 때문이다. 영화 속 인물들이 겪는 다양한 상황과 그들의 심리를 따라가다 보면 어느새 현실 속 우리의 모습이 좀 더 선명하고 솔직하게 드러나는 것을 느낀다. 그와 그녀의 얘기가 바로 나, 내 가족, 내 이웃의 이야기와 다르지 않다는 걸 깨닫게 되는 것이다.

그래서 어깨만 스쳐도 싸움이 되는 팍팍하기 그지없는 현실의 우리가 영화 속 살인범, 배신자도 이해하는 그 마음으로 우리 스스로를 바라볼 수 있다면, 그때가 바로 우리의 고통과 불행을 치유할 적기이고 우리를 고통과 불행으로 이끈 사회를 변화시킬 기회일 것이라 믿는다.

이번 책에서 우리는 국내 영화를 중심에 두고 화두를 던지기로 했다. 주제에 맞는 다양한 영화를 함께 소개하기도 했지만 우리의 민낯을 알기 위해서는 지금 이 순간, 이 땅에서 살아가는 사람들이 주인공인 영화를 소개하는 것이 적절하기 때문이다. 우리가 주목한 키워드는 '사랑', '돈', '출세', '위선', '행복'이다. 이 다섯 가지 가치는 우리가 가장 욕망하는 것인 동시에 갈

등을 증폭시키는 기폭제로서 우리가 극복해야 할 핵심 문제들이다.

이 영역 안에서 뒤틀린 우리의 심리를 분석하고 새롭게 정립하기 위해 노력했다. 대안을 제시하지 못한 부분이 있다면 우리의 인생 경험이 짧고 혜안이 부족한 탓이다. 그러나 최소한 우리의 모습이 얼마나 일그러져 있는지 가감 없이 보여줬다고 자부한다. 그만큼 진실하고 솔직하게 지면을 채워나갔다.

그럼에도 부족한 부분이 많으리라 생각한다. 다만 우리의 작은 바람은 이 책이 보다 많은 사람들을 영화의 세계로 이끄는 가교로서 제 역할을 다해주면 좋겠다는 것이다. 영화는 오락거리이기도 하지만 우리들과 우리네 삶을 담는 그릇으로 또 하나의 인문학이다. 영화에는 feeling을 통해 thinking 하게 만드는 마법의 고리가 있어 그 어떤 문학작품이나 역사, 철학서보다도 감정이입이 쉽고, 그렇기에 깨달음과 울림의 정도가 크다. 양서를 찾아 영혼을 살찌우듯 좋은 영화를 찾아 감상하는 것 또한 매우 중요한 이유다.

좋은 영화를 본다는 것과 흥행에 성공한 영화를 본다는 것은 엄연히 다르다. 그래서 우리는 좋은 영화를 찾아 독자들에게 그것들을 소개하는 '영화 이끎이'가 되기로 했다. 이 책을 통해 우리의 역할을 지속적으로 이어나갈 수 있길 기대해본다.

이 책이 나오기까지 꽤 긴 시간이 걸렸다. 출간을 흔쾌히 허락하신 윤주용 편집장님과 초록비 편집부 식구들께 감사를 드린다. 또한 더운 여름 원고를 쓰는 우리 둘을 위해 열심히 응원해준 가족들에게 사랑의 마음을 전하며 이 책을 바친다.

 차 례

첫 번째 이야기 ··· LOVE

너희가 사랑을 알아?

'사랑은 인생의 최고 가치'라는 말에 동의하지 않는 사람이 있을까.

하지만 안타깝게도 실상은 사랑이 저렴하게 소비되고 있다.

남녀의 사랑, 부부의 사랑, 부모자식 간의 사랑…

모두 재고 따지고 계산하기에 바쁘다.

자신은 상처받길 원하지 않으면서

상대에게 상처주는 것엔 무감한 우리들.

그러나 사랑 없이 살 수 있는 사람은 없다.

현실의 우리가 나눠야 할 사랑의 모습은 어떠해야 하는가.

::: 함께 이야기 나눌 영화 :::
〈아내가 결혼했다〉〈건축학개론〉〈내 아내의 모든 것〉〈러브픽션〉〈고령화 가족〉

Love

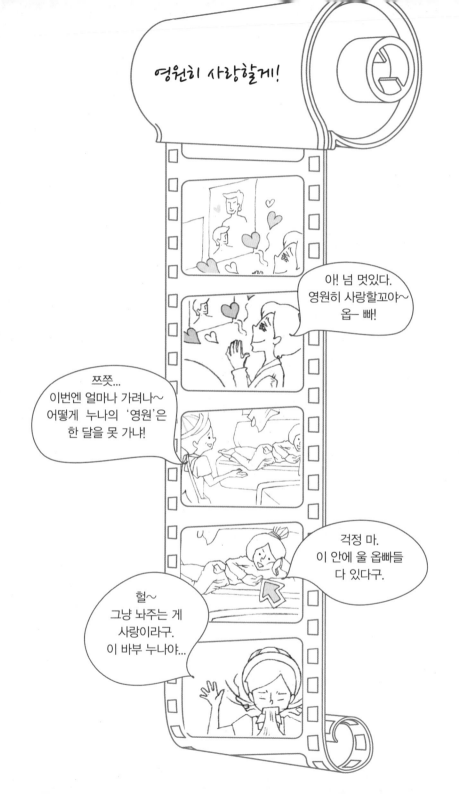

인생의 무덤을
사랑의 요람으로 바꾸다
by 〈아내가 결혼했다〉

니체Friedrich Nietzsche는 말했다. "도덕적 현상이
란 따로 존재하지 않는다. 현상에 관한 도덕적인 해석만이 있을 뿐이다."

우리는 수많은 도덕적 규범에 구속당하며 살고 있다. 사회질서를 유지하
기 위해 인간의 자유가 방종이 되는 것을 막고 모든 사회구성원이 책임있
는 공동체의 일원으로서 역할하게 하는 것은 필요한 일이다. 그러나 설사
도덕이 법 위에서, 나아가 신의 계시를 넘어서는 원칙이라 해도 인간의 자
유로운 영혼까지 구속할 힘은 없어 보인다. 그것이 '사랑'이라는 이름을 가
진 것이라면 더더욱.

덕훈과 인아는 부부다. 연애를 시작하기 전 덕훈은 인아에게 다가가기 위
해 '마당쇠'를 자청했더랬다. 인아의 성이 마침 주씨라 이름 뒤에 '~씨'를 붙
이면 '주인아씨', 그러니까 모든 남자들이 받들어 모셔야 하는 '주인 아씨'로

환골탈태하게 되는 것이다. 그런데 안타깝게도 이 주인 아씨가 수식어가 달리 필요 없는 전형적인 한국 남자에다 소심하기까지 한 덕훈이 감당하기엔 심히 벅찬, 영혼이 자유로운 아가씨였던 것. 그런 인아를 두고 덕훈은 고심 끝에 신의 한 수를 떠올린다.

"너의 자유로운 연애를 종식시키기 위해 너를 연애의 무덤 '결혼'으로 데려가리라!" 그러나 연애든 결혼이든 인아의 철칙은 변함이 없다.

'둘 중 하나라도 행복하지 못하면 둘 다 행복할 수 없다.'

그런 인아가 끝내 택한 것은 또 다른 결혼이다. 이 말도 안 되는 걸 말같이 하는 인아의 희한한 재주에 혀를 내두르는 덕훈은 '대한민국은 일부일처제 국가다', '너의 현재 스코어는 간통이다', '너는 내 꺼다'를 연신 외쳐대며 길길이 날뛰어보지만 결국 그녀의 '또 다른 결혼'을 막지는 못한다. 영화 〈글루미 썬데이〉 자보의 심정이 덕훈의 그것과 같았을까. 자보의 애인 일로나의 마음에 안드라스가 들어온 것을 직감한 자보는 그녀를 비난하거나 이별을 택하는 대신 "당신을 잃으니 반쪽이라도 갖겠어."라며 일로나의 곁에 머무르기로 결심한다. 그녀가 원망스럽고 질투로 심장이 타들어갈지언정 그녀가 없는 세상을 사는 것보다는 낫겠다 싶은 마음이었을 게다. 그네들의 정서가 우리와 다르고 나치 지배하의 상황에서 그저 사람의 온기가 절박했을지도 모른다는 점을 감안하더라도 자보의 선택이 절대 쉬웠을 리는 없다.

어쨌든 전시 상황도, 두 남자 모두 죽게 되는 상황도 아닌 마당에, 덕훈과 재경을 양쪽에 낀 것도 모자라 그들 중 한 남자의 DNA를 가진 아이와 함께 해맑은 표정으로 걸어가는 이 영화의 마지막 장면을 보고 인아에게 "저런

××년!" 하며 쌍욕을 퍼붓고 싶은 이도 있다는 걸 충분히 이해한다. 붉으락 푸르락 달아오른 얼굴로 주먹을 말아 쥐어 애꿎은 허공에 분풀이를 하거나 눈에 보이는 집기를 기어이 부숴버린다 해도 하나 이상할 게 없다.

하지만 그들의 소심한 복수로 표현된 (말도 안 되는!) 낮은 평점으로 이 영화를 격하해서는 절대 안 된다. 이 영화는 그동안 숱하게 봐왔던 시시하고 뻔한 불륜 영화가 아니다. 독특한 소재성에 기대어 클리셰Cliché만 난무하는 사랑 이야기도 아니다. 물론 재미와 감동과 의미까지 삼박자가 고루 담긴 수작이라 하기에는 공감지점이 애매하고 구성의 묘미가 떨어질 수 있지만 덕훈의 말마따나 일부일처제를 '원칙'으로 하는 우리나라에서 두 남자와 결혼하겠다는 여자에 대해 영화가 아닌 그 무엇인들 이해되고 공감되는 지점이 있을까.

솔직히 물어보자. 수시로 다른 여자와 바람을 피우는 자신보다 딱 한 번 외도한 아내를 더러운 여자 취급하며 이혼 운운하는 덕훈의 친구 병수는 이해할 수 있는가. 평생 밖으로만 떠돈 아버지와 한 평생 어떻게 살았냐고 묻는 아들의 말에 "어느 년 좋으라고 이혼을 해주냐." 대답하던 덕훈 어머니의 마음은 공감이 되던가. 주변인물까지 갈 필요도 없다. 한 여자를 온전히 '내 것'으로 소유하기 위해 결혼을 하자 졸라대던 덕훈이라는 이 남자. 과연 그는 인아만큼 이기적이지 않다고 말할 수 있을까?

아마도 그는 많은 사람들 앞에서 혼인서약서에 맹세한 순간, 혼인신고서가 접수된 순간, 호적등본에 본인의 이름과 함께 처妻라는 글자가 새겨지는 순간, 한 지붕 아래 한 이불 덮고 함께 아침을 맞이하던 그 순간에 완벽히 착각했을 것이다. 주인아라는 여자가 드디어 내 손아귀에 들어왔다고. 그리고 절대 자신의 손아귀에서 벗어나지 못할 거라고. 왜 몰랐을까 그는. 꽉 쥐면 쥘수록 손가락 틈새로 더 잘 빠져나가는 모래알 같은 것이, 나도 모르게 손금을 타고 줄줄줄 새어나가는 물 같은 것이, 가득 담겨 있어도 작은 바람결에 훨훨 날아가 버리는 깃털 같은 것이, 바로 인간의 마음이라는 것을. 더욱이 가장 간사하고 이기적인 마음은 바로 사랑이라는 이름의 마음이란 걸.

"사랑이 나눠지니?"

인아의 반쪽만 소유하게 된 덕훈이 참담한 표정으로 던진 질문이다. 그 장면에서 순간 과거 언젠가 드라마와 광고에서 유행했던 말이 오버랩됐다.

"사랑은 돌아오는 거야!", "사랑은 움직이는 거야!"

나눠지든, 돌아오든, 움직이든 사랑의 본질은 하나다. 절대로 한 곳에 고이지 않는다는 것. 이 단순한 진리를 우리는 왜 그리 쉽게 잊고들 사는 걸까. 아니, 이것이 진리라는 걸 너무나 잘 알고 있기에 '관습'과 '제도'라는 메스를 들이대는 것인지도 모르겠다. 그런다고 사랑의 본질이 변하는 것도 아닌데 보이지도 않는 바람을 가둬두겠다고, 흘러가는 강물의 흐름을 막아보겠다고 몽니를 부리는 것 같다. 사람의 감정을 강요하고 통제한다는 것은 애초부터 불가능한 일인데 말이다.

관습과 제도에 갇힌 결혼이 사랑을 좀먹게 한다

〈라스트 나잇〉의 조안나와 마이클도 그런 부부였다. 젊고 예쁜 이들은 무엇 하나 부러울 것 없이 다 가진, 완벽 그 자체의 커플이었다. "나는 니가 지겨워졌으면 좋겠어."라는 말을 겁도 없이 쓸 만큼. 그러나 마이클이 동료 로라와 함께 출장길에 오르고, 그 사이 조안나가 자신을 찾아온 옛 사랑 알렉스와 조우하면서 두 사람의 예상치 못한 1박2일은 시작된다. 아슬아슬한 썸을 타며 계속해서 끈적끈적한 눈빛을 보내는 로라와 마주한 마이클. 그리고 아름다웠던 과거의 자신들을 떠올리며 옛 감정에 흠뻑 취한 조안나. 각자 유혹에 빠졌던 그 긴긴 밤 동안 둘에게는 어떤 일이 일어났을까.

예상한 대로다. 둘은 결국 서로를 배신한다. 한 사람은 육체적으로, 다른 한 사람은 정신적으로. 누구의 배신이 더 클까? 조안나와 마이클은 물론, 그 둘을 지켜본 우리 모두 이 질문에 감히 쉽게 답할 수는 없을 것이다. 구차한 변명 같지만 궤변으로만 치부할 수 없는 마이클의 이 한 마디에 그저 고개를 끄덕이는 수밖에.

"지금 행복해도 유혹을 느낄 수 있어."

좋다. 수많은 유혹을 뿌리치고 나는 절대 상대를 배신하지 않았다고 말하는 사람이 있다고 치자. 이것은 무엇을 의미하는가. 정조를 지켰다는 것? 상대를 버리지 않고 가정에 그 어떤 폐해도 끼치지 않았다는 것? 흔히 빠지는 우리의 착각과 편견이 바로 이것이다. '성관계를 하지 않았다는 것'만이 '불륜하지 않았다는 것'의 유일한 동의어라고 생각하는 바로 그것. 부정한 성관계가 아니더라도 부부 사이에는 수없이 많은 배신이 자행된다. 그럼에도 성관계가 배제된 불륜에는 매우 관대한 것이 우리의 모습이다. 그래서 결혼은 사실상 상대를 전부 소유하겠다는 뜻이 아니라 상대의 성기만 배타적으로 소유하겠다는 뜻이라는 혹자의 주장에 격하게 동의를 표하는 바이다.

우리의 자화상이 이 수준이라면 인아를 좀 다시 볼 필요가 있겠다. 그녀는 두 명의 남편을 가진 욕심쟁이에 감히 일부일처제라는 원칙을 깬 무법자다. 그렇지만 그녀는 적어도 거짓된 말과 행동으로 상대를 기만하지 않았다. 결혼 전에도 누누이 얘기했다. 덕훈을 사랑하지만 덕훈만을 사랑할 자신은 없다고, 자기 자신을 구속하지 않는 것처럼 덕훈도 구속하고 싶지 않다고. 유행가 제목처럼 '사랑은 아름다운 구속'이라는 억지를 깨고 법과 제도에 맞서 진정한 정행일치情行一致를 보여준 인아.

그녀가 보여준 일관성이 이렇다면, 소유할 수 없는 것을 소유할 수 있게 해주려는 이 허무맹랑한 '결혼', 나아가 온전한 두 개체를 기어이 샴쌍둥이로 만들고 적당한 거리로 뿌리 내린 나무들을 기어이 연리지로 만들려는 '일부일처제' 하에서 어쩌면 그녀는 자기 자신은 물론 두 남편 모두를 구해낸 구원자일 터. 그러니 우리는 이 잔인하고 비인간적인 제도를 제대로 역이용해준 그녀에게 비난이 아닌 찬사를 보내야 하는 것은 아닐까?

간통제가 폐지되기 전 여성정책연구원이 실시한 조사에 따르면 유부남 10명 중 4명이 결혼 후 간통 경험이 있다고 한다. 미혼 시절 유부남과 잠자리를 했다고 고백한 여성의 비율도 11.4퍼센트에 달했다. 그런데 간통죄 존치 여부에 대해서는 전체 남녀 응답자의 60.4퍼센트가 '있어야 한다'고 답했단다. 몸은 인간 본성이 이끄는 대로, 마음은 어쭙잖은 제도에 기대보겠다는 이중적 심보가 그대로 드러난 결과다. 어찌됐든 간통죄는 폐지되었다. 62년 만에 결국. 그러니 이제 우리는 제대로 고민을 해볼 필요가 있다. 감정에 솔직한 행동을 추구하면서도 간통죄 존치를 주장하는 저 간극이 진정 '일부일처제식 결혼' 따위로 메워질 수 있을지. 없다면 과연 방법이 무엇일지.

갈 길이 멀어 보이지만 출발선에 서는 방법은 의외로 간단하다.

인아에 대한 분노를 먼저 없앨 것!

글루미선데이 (1999)

감독 : 롤프 슈벨

출연 : 에리카 마로잔, 조아킴 크롤, 스테파노 디오니시 등

다큐멘터리 영화감독으로 유명한 슈벨의 첫 극영화. 질투와 소유욕을 넘어선 사랑의 본질에 대해 한 번쯤 생각해볼 만하다. '죽음의 찬가' 로 유명세를 탄 〈글루미선데이〉의 뇌쇄적인 선율도 만끽하시길.

언페이스풀 (2002)

감독 : 애드리안 라인

출연 : 리차드 기어, 다이안 레인, 올리비에 마르티네즈 등

제목이 말해주듯 단순히 불륜을 대하는 인간의 심리를 넘어 부부라는 특수한 관계에서 진정 중요한 요소가 무엇인지 고찰하게 한다. 자극적인 소재를 섬세한 감정선과 절제된 연기력으로 이끌어가 영화에 무게를 실어주고 있다.

캐논 인버스 (2000)

감독 : 릭키 토나치

출연 : 한스 매디슨, 멜라니 티에리, 리 윌리엄스 등

사랑할 수밖에 없도록 운명 지어진 사람들에 대한 영화. Canone Inverso라는 제목의 뜻처럼 이들의 사랑은 '규범에 반대' 되지만, 모든 이해를 뛰어넘어 그 사랑을 공감하고 나아가 응원하는 자신을 발견하게 될 것이다. 가슴을 파고드는 영화 속 선율은 사랑의 상처를 어루만져주기에 부족함이 없다.

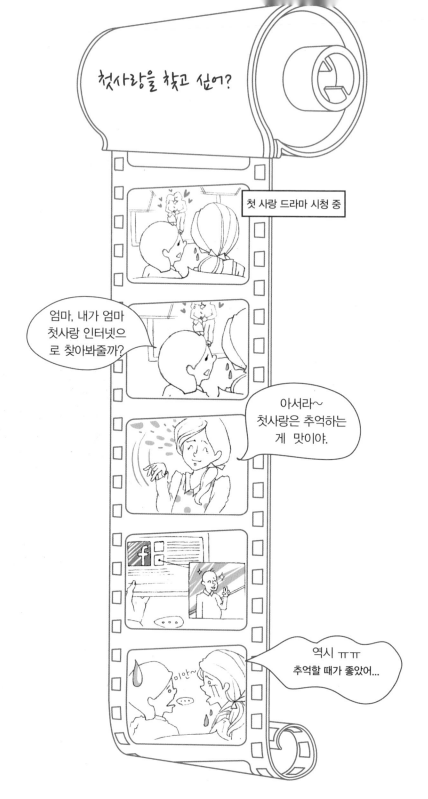

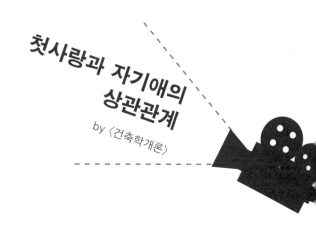

첫사랑과 자기애의
상관관계
by 〈건축학개론〉

이성이 서로 첫 눈에 반할 확률은 얼마쯤 될까?

어디선가 이 확률은 번개를 수십 번 맞을 확률보다 더 낮다는 글을 본 적이 있다. 거의 불가능에 가깝다는 얘기다. 이걸 행운이라고 해야 할지 말지 모르겠지만 그런 불가능의 확률에 나는 속해 본 적이 있다. 커지는 눈의 크기와 펄떡거리는 심장박동수까지 동일했는지는 알 수 없지만 어쨌든 우리는 첫 만남에 서로를 알아봤다.

그 후 오랫동안 그는 내 뇌주름 사이사이와 206개 뼈 마디마디에 자신을 각인시키며 나를 설레게도, 아프게도, 그립게도, 행복하게도 했다. 이미 끝나버린 지 오래된 사랑이나 여전히 '첫사랑'이라는 말을 떠올릴 때면 단숨에 내 영혼을 추억의 블랙홀에 빠지게 하는 단 한 사람.

그 사람을 다시 만나면 어떤 기분이 들지 궁금했다. 좋았던 그때 그 감정이 다시 생겨날지 아니면 지금의 내 소중한 추억마저 퇴색될지. '우리 모두

는 누군가의 첫사랑이었다'는 영화 〈건축학개론〉의 카피처럼 떠올릴 첫사
랑이 있는 사람은 누구나 한번쯤 궁금해 했을 질문일 게다.

서연은 승민을 정확히 15년 만에 다시 만났다. 우연한 재회가 아니라 고
객으로 가장해 건축가 승민에게 주택의 리모델링을 '의뢰'하면서 만나게
된 것이다.

그들의 첫 만남은 대학교 신입생 때. 동안의 이목구비에 표정까지 어리숙
해 보이는, 이마에 딱 '저는 신입생이에요~'라 쓰인 승민의 건축학개론 수
업에 난데없이 음대생 서연이 들어오면서부터다. 그런 그녀가 동네이웃이
기까지 하다니. 승민은 태어나 처음으로 그녀를 제외한 모든 공간이 배경이
되는 신기한 현상을 경험한다. 첫사랑이라는 운명의 사슬이 허락도 없이 승
민의 영혼을 결박한 것이다.

그러나 여느 첫사랑이 다 그렇듯 상대의 감정은 물론 자신의 감정조차
똑바로 마주할 용기가 없었던 승민은 브레이크 없는 롤러코스터처럼 감정
을 부풀려 사랑의 환희에 한껏 고무됐다가도 어느 새 미스터리에서 호러로
변해가는 오해를 차곡차곡 쌓아간다. 그렇게 제대로 된 고백 한 번 못해보
고 제 맘속에 집을 지었다 허물기를 수백 번 반복하다가 승민은 마침내 이
한 마디를 내뱉고야 만다.

"이제 좀 꺼져줄래."

그렇게 15년을 서연은 제대로 꺼져 있었다. 승민과 그 주변인들에게 '쌍
년'으로 규정된 채로. 그런데 대체 왜 그녀는 다시 승민을 찾고 싶었던 걸까?

인간의 과거란 죽지 않는 한 한 곳에 고정되는 게 아니다. 끊임없이 변질되고 훼손되어서 어느새 전혀 다른 무엇이 된다. 하지만 단 하나 예외가 있다. 첫사랑이다. 이 세상 모든 여자들에게, 첫 사랑은 영원히 거부할 수 없는 지독한 독약이다. 과거에 붙잡힌 여자의 행로를 뒤덮고 있는 것은, 그러나 첫 남자에 대한 그리움이 아니다. 미움도 아니고 연민도 아니다. 그것은 유혹이다. 세상의 모든 여자들에게 첫사랑은 아름다웠던 나날들을 향한 슬프고도 달콤한 유혹이다.

- 바바라 가우디의 소설 《첫사랑은 독약이다》 중에서

'아름다웠던 나날들을 향한 유혹' 때문에 우리가 첫사랑을 잊지 못한다는 말은 틀린 말이 아니다. 우리는 늘 착각하고 있다. '첫사랑을 못 잊는다'는 말을 '사랑했던 그 사람을 못 잊는 것', 혹은 '사랑했던 추억들을 못 잊는 것'이라고 말이다. 그런 마음이 아주 없는 것은 아닐 테지만, 우리가 정말 잊고 싶어 하지 않는 것은 영화 속 주인공 부럽지 않게 슬프고도 달콤한 사랑을 했던 '그때 그 시절의 나'다. 결국 사라져간 자기애自己愛, narcissism를 찾고 싶은 마음인 것이다.

잃어버린 나를 찾기 위한 궁여지책

그 유혹은 현재 나의 삶이 힘들고 고될수록 더 강하게 나를 이끈다. 평안하고 행복한 시간, 즉 자기애가 불타오르는 동안은 상대의 요구대로 잘 '꺼져' 있는 게 가능하고, 지금의 행복이 상대에 대한 최고의 복수이며 내 상처를 치유할 최선의 처방이라고 생각할 때도 있다. 그러나 지치고 고통스런 세월을 겪을 때면 희미해졌을 것이라 단정했던 첫사랑이 오히려 더 양각으로 솟아올라 오로지 그 사람만이 현재의 나를 구원해줄 수 있을 것 같은 착각에 빠지게 된다. 사랑했던 그때 그 시간만큼은 그에게 그녀는 이슬만 먹고 살 것 같은 여자였을 테고 그녀에게 그는 어느 별에서 왔을 것만 같은 남자였을 테니 말이다.

"근데 누구… 신지?"라 묻는 승민 앞에서 설마, 지금, 네가, 나를, 못 알아보는 거냐 싶은 표정으로 "나 몰라… 세요?"로 답하는 서연 또한 그래서 다시 승민의 눈앞에 서게 된 것일 게다. 속에 뭐가 들어있는지 그저 맵기만 한 매운탕 같은 자신의 인생이 그녀의 표현대로 "씨발, 좆같아서!" 긴 세월의 '꺼짐'을 청산하고 다시 승민을 찾아온 것일 게다. 승민의 기억에 남아 있는 과거의 자신을 끄집어내어 지금의 자신에게 Ctrl+C, Ctrl+V하는 것만이 잃어버린 자신을 되찾을 최선의 방법이었을 테니까.

하지만 첫사랑 승민이 "아직도 난 널 못 잊었어. 여전히 널 사랑해."라는 말을 했다 한들 서연이 자기애를 찾을 수 있었을까? 아니다. 승민이 잊지 못하는, 여전히 마음속으로 사랑하는 그녀는 안타깝게도 지금의 서연이 아니라 15년 전 서연이니까. 엄밀히 말해 그 둘은 같은 사람이지만 같은 사람이 아닌 것이다.

그러니 승민과 서연의 재회는 많은 첫사랑의 재회가 불륜의 불쏘시개로 전락해 뉴스의 사건사고란을 장식하듯 자기애를 찾기는커녕 추억을 바래고 지금의 모습마저 추하게 만들 화근거리로 딱 좋다. 영화 〈건축학 개론〉은 첫사랑을 그림처럼 담아내는 데 성공했지만, 그것이 그대로 현실로 오면 그 둘은 그저 부적절한 관계일 뿐이다. 서연이 순수한 마음으로만 승민을 찾았다고 볼 사람은 많지 않다. 또한 예상대로 승민은 약혼녀를 두고도 서연을 향한 마음을 키워갔다. 그래서 첫사랑을 독약으로 규정한 바바라 가우디^{Barbara} Gowdy의 소설 제목이 마음에 콕 와 닿을 수밖에 없는 것이다.

첫사랑이 실패하는 이유

첫사랑이 가슴에 가장 오랫동안 깊이 남아 있는 이유는 분명 아쉬움과 미련과 후회가 크기 때문일 것이다. '첫'이라는 의미가 그렇듯 첫사랑은 그만큼 미숙未熟하다. 이루어지지 않았기 때문에 아름다운 것이라고 애써 자위하지만 실상 우리는 '처음'이라는 이유로 온갖 비열함과 무례함, 졸렬함과 잔인함을 용인하거나 서툴고 철없는 행동들을 순수함으로 포장한다. 저속한 밀당과 가식적인 썸이 사랑의 기술로 미화되어 값싼 감정들을 양산하기도 한다. 상대에게 원없이 사랑을 주려고 애쓰기보다 자신이 상처받지 않기 위해 재고 따지며 계산하기 급급하다.

그렇게 연막을 친 상태이니 그 어떤 사랑인들 '운명'이 될 수 있을까. 그래서 사랑해서 보내줬다느니 하는 말을 곧이곧대로 들으면 곤란하다. 얼핏 들으면 상대를 배려한 이타적 사랑의 극치로 보일 수 있지만 사실 그 말은 자신의 이기심을 그럴듯하게 가려놓은 허울에 불과하다. 사랑보다 자신의 갈망(성공이든, 조건 좋은 사람과의 결혼이든, 자존심이든, 주변의 평가든)이 더 큰 것을 교묘하게 감추는 이기심 말이다.

지금 첫사랑과 함께 있지 못하다면 그 사랑의 크기가 상대를 놓아도 될 만큼의 크기였다는 것을 받아들이자. 아무리 크고 깊은 사랑이었다 할지라도 상대가 가장 사랑했던 사람은 그냥 상대 자신이었을 뿐이다. 그것은 자기애가 아니다. 극한의 자기애, 즉 이기심이다. 첫사랑의 실패는 바로 이 이기심에 기인한다고 나는 생각한다.

사랑은 그 자체로 가장 큰 갈망일 때 의미가 있다. 그러므로 사랑하는 사람과 함께하겠다는 마음이 가장 큰 갈망이 아니었던 사람들이 몇십 년이 지나 아쉬움과 미련과 후회를 보상하겠다며 재회하려는 것은 어설픈 자기변명이며 지질한 현재를 과거의 환상으로 덮어보려는 부질없는 시도일 뿐이다.

미숙이 성숙이 되는 것은 함께하는 시간 속에서만 가능하다. 단절된 과거의 시간을 탐험한다고 해서 자기애를 되찾을 수 있는 게 아니다. 자기애를 남이 만들어줄 수 있는 것은 더더욱 아니다.

그러니 첫사랑이 그립다거나 과거로 돌아가고 싶다는 유혹, 한 때 이슬만 먹고 살 것 같은 여자, 혹은 어느 별에서 왔을 것만 같은 남자가 나를 구원해주길 바라는 마음이 든다면 하루빨리 현재의 나를 점검해야 한다. 아문 상처에 생채기를 내기 전에 말이다. 그들로부터 확인하게 될 것은 자신을 위해 상대를 놓을 수 있는 이기적 사랑의 실체일 뿐이니.

> "네 미래를 위해 좋은 생각만 해. 믿지 않으면 절대 이뤄지지 않
> 아. 너만이 네게 평화를 안겨줄 수 있어."

어느 영화 속에서 주인공이 읽던 책의 한 구절이다. 잊지 말자. 오직 내 자신만이 내게 평화를 안겨줄 수 있다!

김종욱 찾기 (2010)
감독 : 장유정
출연 : 공유, 임수정 등

공유와 임수정의 호연이 돋보이는 영화. 첫사랑을 잊지 못하는 것이 진정 아름다운 일인지를 묻고, 첫사랑과 제대로 이별해야 하는 이유를 말해주고 있다. 인도의 블루시티를 담은 아름다운 장면들은 사랑하는 이들의 배경이 되기에 충분하다.

이터널 선샤인 (2004)
감독 : 미셸 공드리
출연 : 짐 캐리, 케이트 윈슬렛, 커스틴 던스트 등

사랑의 단맛, 쓴맛을 다 본 사람들이 인정하는 이 영화의 진가는 가히 영화의 고전 리스트에 올리기에 충분할 정도다. 지나간 사랑과 과거에 집착하는 자신을 원망하지 마라. 옛사랑을 잊을 수 없는 절대적인 이유가 이 영화 안에 담겨 있다.

리그렛 (2009)
감독 : 세드릭 칸
출연 : 이반 아탈, 발레리아 브루니 테데스키 등

첫사랑과의 재회가 어떤 모습일지 궁금하다면 필히 이 영화를 보시라. 이 영화가 불편하게 느껴진다면 당신은 아직 판타지 안에 머물고 있는 것이다. 잔인한 현실을 뛰어넘을 용기가 스스로에게 있는지 자신의 마음과 정직하게 대면해보시길.

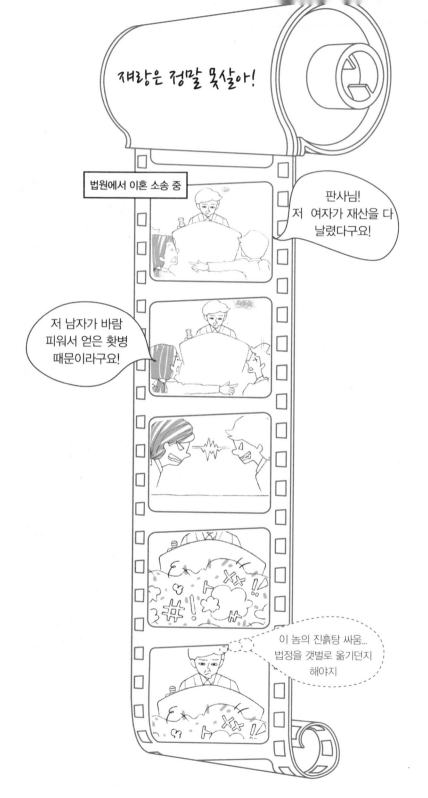

지나간 사랑을 아름답게 만드는 이별의 미학

by 〈내 아내의 모든 것〉

도현의 핸드폰에 저장된 '투덜이'는 바로 아내 정인의 또 다른 이름이다. 청순한 얼굴에 입김만 불어도 날아가 버릴 것 같은 종잇장 같은 몸매지만 그녀의 내면은 분노와 짜증과 온갖 종류의 울분으로 가득 차 폭발 일보 직전인 활화산과 다름없다.

갈수록 진상녀가 돼가는 정인이 버거운 도현의 유일한 소원은 '이혼'! 그러나 차마 정인에게 이혼을 요구할 엄두를 못 내는 도현은 지방발령 난 박 팀장의 바짓가랑이를 붙들고 "제발 내가 가게 해달라."며 읍소하는 것뿐이다. 지성이면 감천이라고 결국 박 팀장은 도현에게 발령을 양보한다. 그것도 모자라 정인을 떼어내는 신의 한 수를 알려준다.

"제수씨가 이혼하고 싶게 해!"

바람피우다 들통 나 이혼당한 주제에 뚫린 입이라고 내뱉는 박 팀장의 조언에 '유레카'를 외치는 도현. 마침 옆집에 '전설의 카사노바'로 불리는 마성의 남자 성기가 살고 있었다. 자신 몰래 발령지까지 따라온 정인 때문에 인내가 한계치에 달했을 무렵, 도현은 자신의 손이 성기의 바짓가랑이를 붙들고 있음을 발견한다.

그런데 도현으로부터 '아내를 유혹해 달라'는 의뢰를 받고 정인에게 다가간 성기에게는 도현을 그토록 질리게 하고 학을 떼게 한 정인의 투덜거림과 독설이 오히려 매력으로 다가온다. 역시 명불허전이던가. 전설의 카사노바답게 성기의 판단은 적중했다. 지역방송국의 라디오 게스트로 일하게 된 정인의 가감 없는 삐딱함에 청취자들도 어느새 그녀의 매력에 흠뻑 빠지게 된다. 파죽지세의 인기로 라디오PD와 작가까지 공중파에 입성, '독설미녀' 정인의 진가는 더욱 유감없이 발휘되기 시작한다.

사실 성기에게 청부 유혹을 부탁한 일뿐만 아니라 라디오 게스트를 주선한 일도 처음에는 정인을 떼어내기 위한 도현의 술책이었다. 조금이라도 정인의 관심을 밖으로 돌리기 위해서. 그러나 성기의 관심과 사랑, 이름도 모르는 청취자들의 인정과 일에 대한 성취감은 조금씩 정인을 변화시켰다. 짜증의 상징이던 미간 주름 대신 미소를 머금은 눈가주름을 늘리고, 믹서기와 청소기의 윙윙대는 소음 대신 스텝 본능을 자극하는 재즈 음악에 몸을 흔드는 그녀의 변화에 도현은 점점 마음에 파문이 이는 것을 느낀다. 다시 정인에게 설레게 된 것이다.

그러나 그녀를 떼어내기 위한 지성至誠이 너무 과했던 것일까. 도현은 정인을 향한 성기의 마음과 그런 성기에게 흔들리는 정인의 모습을 목격하고 만다. 설상가상 모든 일의 내막을 알게 된 정인은 라디오를 통해 공개적으로 이혼을 선언하기에 이른다.

7년 전, 지진을 무서워하는 정인을 위해 가장 안전한 집을 지어준 내진 설계전문가 도현. 전문가의 손길이 닿은 집답게 정인과 도현의 집은 엄청난 지진 강도를 버텨냈다. 하지만 바로 그 집에서 정인과 도현은 무너졌다. 외부의 지진 강도보다 더 큰 '집 안'의 지진 강도에 못 이겨.

그들을 붕괴시킨 지진의 진원지는 어디였을까. 무너진 마음을, 갈라진 관계를 복구할 방법은 무엇일까. 아니, 복구 자체가 가능하기는 한 걸까?

이혼사유의 절대적 1위 '성격 차이'

얼마 전 한 광고 때문에 많은 부부들 사이에서 소리 없는 아우성이 빗발쳤다. 그 광고는 바로 락스 광고. 연기자가 과일을 락스물에 담갔다 살짝 행구고는 그대로 먹는 장면을 보고 한 지인이 말하길, "남편 밥에 락스물 타긴 글렀군!"

웃자고 한 말이었지만 씁쓸한 우리의 자화상이 아닐 수 없다. 왜 이 지경이 됐는지 우리는 알고 있다. 바로 대화의 부재. 그것도 그냥 대화가 아닌 '솔직한 대화', 마음의 민낯을 드러내는 대화다운 대화가 부부 사이에 실종됐다는 것.

> "살다 보면 말이 없어져요. 한 사람과 오래될수록 더 그렇죠. 서로를 다 안다고 생각하니까 굳이 할 말이 없어지는 거예요. 근데 거기서부터 오해가 생겨요. 사람 속은 모르는 거잖아요. 그러니까 계속 말을 시키세요. 말하기 힘들 땐 믹서기를 돌리는 거예

요. 청소기도 괜찮고 세탁기도 괜찮아요. 그냥 내 주변 공간을 침묵이 잡아먹게 만들지 마세요. 살아있는 집에서는 어떻게든 소리가 나요. 에너지라고들 하죠. 침묵에 길들여지는 건 정말 무서운 일이에요."

결혼생활이 속수무책이 되는 이유, 이혼을 결심한 후 마지막 방송에서 정인이 쏟아낸 이 말이 정답 아닐까. 상대를 잘 안다는 착각 혹은 더 이상 알 필요가 없다고 생각해 말이 없어지기 때문이라는 것.

그 침묵에 길들여지다 어느새 상대의 마음을 읽을 줄 모르는 난독증 환자가 되고, 결국 에너지가 없는 '죽은' 집 안에서 서로가 서로를 투명인간 취급하기 시작하는 것이다. 이혼율이 줄어들었다고 해서 부부의 행복도가 증가했다고 믿는다면 곤란하다. '가정 내 이혼상태'는 통계치에 없으니까.

가정 내 이혼. 서로 말을 않거나 각방을 쓰는 상태로 결혼을 유지하는 이유는 두 가지. 이혼 후 경제적 타격이 크다는 것(특히 경제적 자립도가 낮은 여성들에게)과 자식이 받을 상처 때문이다. 핑계든 아니든 그렇다.

대부분의 부부가 금 간 집을 나름 리모델링해서 꾸역꾸역 살아간다. 언젠가는 이 불안한 집을 탈출하겠다거나 차라리 붕괴됐으면 좋겠다는 마음을 쌓아가면서. 그리고 그런 마음이 나타난 결과가 바로 황혼이혼이다. 각종 통계치는 결혼 20년차 이상 부부의 황혼이혼이 증가하고 있음을 보여준다. 또한 전체 이혼 부부의 이혼사유와 마찬가지로 황혼이혼 부부의 이혼사유 역시 1위는 '성격 차이'로 나타냈다.

결혼생활 초반부터 이미 두 사람은 알았을 것이다. 상대와 나의 성격 차이를 좁히기가 참 어렵겠구나 하는 것을. 물론 그 어떤 사람도 성격이 같을 수는 없다. 그 점을 모르고 결혼하는 사람은 없을 것이다. 문제는 분명 여러 번의 리모델링을 통해 그 차이를 좁히고자 노력했을 텐데도 황혼이 되도록 그 차이가 좁혀지지 않았다는 것. 그 통절한 깨침을 황혼이 되어서야 알았을 리는 만무하다.

지진으로 무너진 집은 새로 지어야 한다

"내가 구질구질한 헝겊인형이 된 기분이야. 버리고 싶은데 혹시 빨면 다시 예뻐질까 해서 구석에 처박아놓은 인형."

정인 역시 도현을 놓지 않으려 부단히 애썼다 하지만 난 그녀가 백기를 들었을 때 난 참 다행이라 생각했다. 황혼이 될 때까지 '구질구질한 헝겊인형'으로 살기에는 그녀가 너무 소중하니까.

지진은 갑작스럽게 발생하는 재해가 아니다. 오랜 시간 지구 내부에 축적된 에너지가 방출되는 것이다. 게다가 지진 발생 전에는 심해에 사는 희귀 어류들이 죽은 채로 잡힌다거나 특이한 형태의 구름이 관측되는 등 여러 가지 전조 증상이 목격된다. 부부 관계의 지진도 마찬가지다. 어느 날 갑자기 "우리는 성격이 안 맞아! 갈라서!" 하게 되는 게 아니라는 말씀. 정인의 말대로 오랜 시간 침묵에 잠식당하다 서서히 붕괴된다는 얘기다. 전조 증상은 너무 많아서 열거하기 힘들 정도다.

부부 전문가들은 격한 부부싸움 중에도 절대 '이혼하자'는 말을 하지 말라고 조언한다. 정말 최악의 사태에서만 내뱉으라고 말이다. 난 여기에 반대한다. 이혼은 죄가 아니다. 엄한 세월을 좀먹으며 자신을 망가뜨리고 무거운 침묵 속에 가정을 방치하는 것이 오히려 죄다. 외국처럼 결혼 전 동거나 사실혼 관계가 쉬이 용인되는 사회가 아니기 때문에 결혼에 실패했을 때 상처를 최소화할 수 있는 출구전략으로써 이혼제도를 지금보다 용이하게 만들 필요가 있다. 이혼을 억지로 막는다고 해서 결혼에 대한 책임감이 커지는 것도 아니고, 이혼제도가 느슨하다고 해서 부부애가 작아지는 것도 아니다.

"지진 나서 다 무너졌어. 그럼 새로 지어야지, 처음부터 다시. 내진설계 다시 해서. 아닌가?"

아니긴, 맞다. 카사노바일지언정 성기의 지적이 딱 맞다. 이혼을 '권장'하려는 의도는 절대 아니다. 적어도 막지는 말자는 말이다. 폴란드 출신의 사회학자로 우리시대 대표 지성인 지그문트 바우만Zigmunt Bauman은 "사랑은 매일 창조하고 조정하는 끊임없는 노동"이라 말하며 사랑이 지속되려면 얼마나 지극한 노력이 필요한지 역설한 바 있다.

그러나 엄밀히 말해 그 노동은 조금이라도 애정이 남아 있을 때나 가능한 얘기다. 아무런 대가없이 노동력을 요구하는 것이 노동착취이듯 애정 없는 사람에게 요구하는 이 노동은 영혼학대다. 이혼을 죄악시하지 않고 나아가 다양한 가정 형태를 인정한다면 정인이 바라는 사람이 살고, 음식 냄새가 나고, 음악이 흐르고, 결국은 행복이 가득한 곳이 내 집이자 내 가정이 될 것이다.

물론 이혼이 쉬워지면 홧김이혼 같은 부작용이 생기지 않느냐고 반문할 수 있다. 그래서 만든 게 이혼 숙려기간이니 걱정 놓으시길. 혹 그 기간 동안 내진설계를 다시 해보고픈 마음이 들 수 있으니 제대로 된 내진설계를 위해 가장 먼저 해야 할 일을 알려드리겠다.

일단, 연필과 종이를 준비하시라. 그리고 하나씩 정성들여 써내려 가시라. 내가 알고 있는 '내 아내의 모든 것', '내 남편의 모든 것'에 대해!

클로이 (2010)

감독 : 아톰 에고이안

출연 : 줄리앤 무어, 아만다 사이프리드, 리암 니슨 등

믿고 보는 줄리앤 무어의 감정 연기와 아만다 사이프리드의 돋보이는 관능미가 제대로 케미를 터트렸다. 액션배우 리암 니슨의 새로운 멜로 연기도 감상 포인트 중 하나. 남녀의 사랑보다 복잡한 부부의 사랑에 대해 한 번쯤 생각해보는 계기를 마련해줄 것이다.

레볼루셔너리 로드 (2008)

감독 : 샘 멘데스

출연 : 케이트 윈슬렛, 레오나르도 디카프리오 등

영화 〈타이타닉〉의 연인이 부부가 되어 만난 영화. 가정의 행복은 꼭 누군가의 희생을 전제로 하는 것인지, 상생相生을 위한 결혼의 모습은 어떠해야 하는지 진지하게 묻고 있다. 한동안 먹먹해진 가슴을 부여잡게 될 테니 심호흡 후 감상하시길.

나를 찾아줘 (2014)

감독 : 데이빗 핀처

출연 : 벤 애플렉, 로자먼드 파이크, 닐 패트릭 해리스 등

스릴러의 거장 데이빗 핀처의 화제작. 선인들이 왜 부부싸움을 '칼로 물 베기'라 표현했는지, '님과 남' 사이에 있는 부부 간 거리를 헤아려볼 수 있게 한다. 그러나 그 전에 꼭 할 일이 있다. 내 아내 혹은 내 남편의 정체를 의심해볼 것!

커튼에 가려진 연인의 과거
by 〈러브픽션〉

　　　　　　영화 〈러브픽션〉의 주인공인 소설가 주월은 픽션을 추구하는 직업인답게 현실감 제로의 남자다. 현실감이 제로면 픽션이라도 술술 써져야 공평할 텐데…. 엎친 데 덮친 격으로 소설은 제목만 나온 채 6개월간 한 줄도 못쓰고 있다. 어릴 때부터 사랑을 열망했던 순정파 주월은 있던 여자 친구도 떠나버리고 이제 더 이상 화풀이할 꽃병도 떨어졌다. 그 즈음 운명처럼 한 파티에서 영화 수입업자 희진을 만난다.

　　알래스카에서 왔다는 희진은 알래스카의 추위가 무색할 정도로 쿨한 여자. 그 솔직함에 주월은 찌릿, 감전되고 만다. 소설에 쏟아 부어야 할 열정을 그녀에게 쏟아 붓기 시작한다. 손발이 오글거리고 몸이 배배 꼬이는 글과 고백이 난무한다.

　　"이 자리에 앉아 계신 점잖은 신사분들 앞에서 저 여인을 고발하기 위해 내 여기 결례를 무릅쓰고 분연히 일어섰소. 고결한 인격과 활달한 미모를 갖춘 것도 모자라 절제된 지성과 안정된 유머로 내 마음을 초토화시킨 저 여인을, 베르테르로 하여금 죽음으로 이끈 그 치명적인 매력이란 죄목으로 큐피트의 법정에 세우겠단 말이오.”

이 남자, 중증이다. 뭔가를 창작하는 사람이니 독특한 것은 인정한다 치더라도 주변의 시선을 아랑곳하지 않고(물론 술자리긴 했지만) 뻔뻔하게 저런 말을 내뱉는 걸 보면 정상은 아니다. 그저 희진에게 홀딱, 혼이 빠진 상태.

“사랑 고백이라는 게 좀 드라마틱한 순간이잖아요. 배경이 다 사라지고 오직 둘만 존재하는 것 같은 그런 느낌?”

이런 생각을 가진 희진도 큐피트의 법정에 설 용의가 충만한 여인. 그래서 둘은 급속도로 가까워지고 연인 사이로 발전한다.

난 그녀에게 도대체 몇 번째 남자일까?

채식주의자에 결혼 한 번 못해본 주월과 달리 희진은 육식예찬론자에 이혼까지 한 경험이 있다. 북극과 적도만큼의 온도 차이가 있는 두 사람이지만 연애 초기에는 이런 온도 차가 사랑을 펄펄 끓어오르게 하는 법이다.

벌어진 앞니도 사랑한다, 아니 이가 뭉텅 빠져도 너를 사랑할 거다…. 사랑을 하다 하다 못해 그녀 겨드랑이에 구레나룻처럼 자란 액모까지 사랑한다니 게임은 끝난 거다.

그러나 보기만 해도 웃음이 나는 사랑의 황금기를 지나 드디어 이들에게도 마음의 균열이 생기기 시작한다. 주월이 혐오하는 고기를 먹는 모습조차 사랑스러운 희진이였는데 이제는 사흘 굶은 고릴라처럼 보기 흉하다. 여기에 불을 붙이는 소문 한 자락. 희진이가 대학 때 남자 모델들을 사진 찍어주고 그들과 잠자리를 같이 했다나 뭐라나. 오죽하면 별명이 '스쿨버스'였달까.

스쿨버스라니! 그녀는 내 사랑의 뮤즈였는데! 스쿨버스?

더 화가 나는 건 믿고 싶진 않지만 왠지 모르게 수긍이 된다는 점이다. 거침없고 쿨한 희진의 성향을 생각해볼 때 능히 일어날 수 있는 일이지 않은가. 이혼도 했는데 연애하고 헤어지는 게 대수일까? 원나잇스탠드도 대수롭지 않았는지 모른다. 그 자유분방하다는 미국에서 온 여자잖아! 소문은 주월의 마음속에서 진화에 진화를 거듭해 확신으로 변모한다.

주월은 그나마 운이 좋은 편인지도 모른다. 희진의 성향이 과거와 현재를 관통하며 일관성이라도 있기 때문이다. 사랑하는 부인의 과거와 현재가 180도 다르다는 첩보를 입수한 영화 〈밤의 여왕〉의 남편 얘기는 더 고달프다.

이효리도 발랑 까졌다고 싫어하는 꽉 막힌 범생이 스타일 영수. 그는 여자도 자기와 똑같은 조신하고 품행이 방정한 여자를 원한다. 그가 본인의 이상형에 근접한 여자로 찾은 이는 샌드위치 점원 희주다. 그녀에게 반한 그는 결국 샌드위치 개근 구매로 소심하게 구애하고 결혼에도 골인한다.

결혼한 지 3년이 지났건만 애정의 온도는 식지 않았다. 희주는 알뜰살뜰 살림하고 남편을 내조하는 천상 여자. 영수는 그런 희주를 아끼고 사랑한다. 서울에 아담한 집도 한 채 마련했다. 하지만 동문회 밤 김치냉장고가 경품으로 등장하면서 미묘한 변화가 일기 시작한다. 경품에 눈이 멀어 그 '숫기' 없던 희주가 끝내주는 댄스를 춘 것이다. 그날 밤 이후 영수는 그녀의 '숫기'가 어디서 왔는지를 알기 위해서 고군분투한다.

수수하고 얌전하고 고분고분하던 그녀가 어떻게 그런 섹시웨이브가 가능한 거지? 섹시춤 동영상이 인터넷에 유포된 후 그녀의 과거가 굴비 엮듯

줄줄이 딸려 나온다. '렉시'라는 과거 희주의 별명을 알게 되고 그 렉시를 연결고리로 왕십리 피바다 사건, 미국 총기사건 등 도저히 영수가 감당할 수 없는 사건들이 꼬리에 꼬리를 물고 나타난다. 도대체 그녀는 나에게 뭘 숨긴 걸까? 몇 명의 남자와 관계가 있는 거지? 왜 나에게 접근한 거야?

연인의 과거에 대한 '라쇼몽 효과'

여기서 잠깐, 왜 우리는 연인의 과거를 이다지도 알고 싶어 할까? 어차피 사랑한 건 그의 과거가 아니지 않은가. 과거의 그와 사랑에 빠진 것도 아니고 그냥 지금 그 사람에게 매력을 느껴서 사랑한 거면서 유독 과거에 까다롭게 구는 사람들이 있다.

과거가 궁금하다는 마음은 인정한다. 과거가 현재 그 사람을 형성한 토대가 되는 건 분명하니까. 과거에 어울렸던 사람들, 살았던 지역, 다녔던 회사, 학교 등등이 현재의 그를 만들어냈을 것이다. 과거의 사랑이 지금 그 사람의 사랑하는 방식을 탄생시켰고 과거의 경험이 세상을 바라보는 태도를 결정지었을 것이다.

순수하게 그 사람을 이해하고자 하는 이런 학구적 입장(!)이라면 당사자에게 직접 물어보면 가장 좋을 텐데 이게 쉽지가 않다. 인간이란 간사한 동물이어서 자신에게 유리한 것만 미화시켜서 말하고 내가 진정 알고 싶은 진실(이를 테면 흑역사)은 안 알려줄 것만 같은 미심쩍은 생각이 들기 때문이다. 그래서 스스로 탐정을 자처하며 이런 저런 소문에 휘둘리는 거겠지만, 다른 사람의 입을 통해서 나오는 말 역시 그들의 입장에서 해석된 진실일 뿐이란 사실을 알아야 한다. 심리학에서는 이를 라쇼몽 효과Rashomon effect라고 부른다. 나를 정당화시키기 위해서 기억을 재구성하는 것. 이 용어는 일본의 거장 구로자와 아키라Kurosawa Akira 감독의 영화 〈라쇼몽〉에서 유래했다. 한 남자의 죽음을 둘러싼 주변 인물들의 진술이 제각각 달라, 무엇이 진실인지 '아는 것'이 진정 어렵다는 것을 보여주는 영화다. 로마 불세출의 황제 율리우스 카이사르Julius Caesar도 말하지 않았던가. 사람은 본인이 보고 싶은 진실만 본다고 말이다.

또 한 가지, 남자들에게 공통적으로 나타나는 현상인데, 내 여자가 과거에 몇 명의 남자와 관계했는지가 죽을 만큼 궁금한 모양이다. 꽉 막힌 영수도 쿨함을 가장하는 주월이도 모두 주저주저하다가 그걸 묻는다.

"그런데… 하나만 물어보자. 도대체 내가 몇 번째야?"

나는 남자들이 이렇게 연인의 과거에 집착하는 이유가 암암리에 전해져 내려오는 남녀 차별적인 유교적 성관념에 있다고 생각한다. 또한 여자 관계가 복잡한 남자는 능력남으로 추앙받고 남자 관계가 복잡한 여자는 헤프다고 생각하는 이중잣대에서 연유한다고 생각한다. 남자들은 여자들과 달리 섹스에 관한 얘기도 아무렇지 않게 공유하며 농담하고 자랑한다.

그리고 그런 성담론에서 희진이나 희주 같은 여자는 씹어도 씹어도 질리지 않는 안주감이다. 그러니 내 여자의 남자 관계가 복잡했다면 복잡한 관계 플러스, 수많은 남자의 안주감으로 오르내렸을 것임을 지레 짐작하고 '있을 수 없는 일!'이라며 부르르 떠는 건지도 모르겠다.

내 과거를 다른 사람에게 묻지 마세요

연인의 과거는 커튼에 가려져 있다. 허황된 소문도 제3자 입장에서 보면 어느 정도 오해의 포인트가 있게 마련이다. 희진은 남자 모델 사진을 많이 찍었다. 그런데 모델에 선택되지 못한 어떤 못난이가 모델로 발탁된 남자애들을 질투했다. 그래서 그 남자 모델들과 희진이 그렇고 그런 사이라고 퍼뜨린다. 물론 희진이 그들과 좋아 지냈을 수도 있겠지만, 얼마만큼 좋아 지냈는지는 희진 본인에게 물어보지 않는 이상 알 수 없다.

이런 일들이 연인 사이에서 일어났다면? 쿨하게 헤어지면 그만이다. 하지만 영수처럼 결혼식까지 올렸다면? 수중에 돈이 없어 결혼 연령이 높아지는 지금, 도대체 평생 배필의 과거를 어떻게 처리해야 좋은가. 몰랐으면 모를까 심장이 '쿵'하고 내려앉을 정도의 소문이라도 들었다면?

일단 상대에게 정직하게 물어보자. 진실과 진심이 관계의 가장 중요한 핵심이라는 사실은 연인 사이에도 유효하다. 그런 다음 소문과 상대의 말을 종합하여 어느 부분이 사실이고 어느 부분에서 오해가 생겼는지, 혹은 부풀려졌는지 차분히 풀어보자. 이때 소설을 읽는 것처럼 객관성을 유지하는 것이 가장 중요하다. 도저히 객관적일 수가 없다면 친구든 지인이든 제3자의 의견을 구하는 것도 괜찮다.

"사람들은 자신에 대한 오해를 풀다가 쓸쓸히 죽는다."

이 슬픈 대사는 희진의 말이다. 과거는 중요하다. 그의 역사이자 현재 그 사람을 가장 잘 이해할 수 있는 단서가 되기 때문이다. 하지만 사소한 오해로 사랑하는 사람을 독거노인으로 만들 이유 역시 없음을 가슴에 깊이 새겨 거 두는 것은 어떨까?

디센던트 (2011)

감독 : 알렉산더 페인

출연 : 조지 클루니, 주디 그리어, 매튜 릴라드, 쉐일린 우들리 등

과거를 물어볼 당사자가 코마에 빠졌다. 혼수상태에 빠진 아내에게 다른 남자가 있다는 사실을 알게 된 남편. 그래도 진실을 알고 싶고 찾고 싶다. 진실을 찾아나선 길에서 깨닫게 되는 가족과 뿌리의 의미는 영화의 공간적 배경인 하와이 만큼이나 아름답다.

너는 내운명 (2005)

감독 : 박준표

출연 : 황정민, 전도연, 나문희 등

과거에 집착하는 남자만 존재하는 것은 아니다. 한 남자의 순애보를 그린 최루성 애정영화 〈너는 내 운명〉에는 연인의 과거 따위는 우주로 날려보낼 강력한 사랑이 그려진다. 유흥업소에 종사하는 여인에게 운명적 사랑을 느낀 남자. 그에게는 그녀의 과거도, 현재도, 에이즈로 고통받을 미래도 아무런 문제가 되지 않는다.

내 남자의 아내도 좋아 (2008)

감독 : 우디 앨런

출연 : 스칼렛 요한슨, 하비에르 바르뎀, 페넬로페 크루즈 등

연인의 과거에 얽매이지도 않는다. 심지어 현재 그의 전처가 들어와 같이 살아도(내키지는 않지만) 상관하지 않는다. 그저 지금 이 순간의 내 감정에 충실한 남녀들이 만들어내는 흥미로운 사랑 이야기. 다소 급진적인 사랑 이야기를 보면서 내가 생각하는 사랑은 과연 어느 정도 스펙트럼을 허용하고 있는지 생각해보면 좋을 듯.

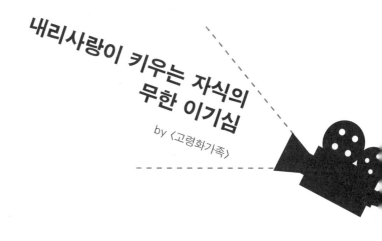

내리사랑이 키우는 자식의 무한 이기심

by 〈고령화가족〉

　　　　　　　녹색 제복을 입고 화장품이 든 큰 가방을 둘러메고 외판원 일을 하는 엄마는 이미 법정 정년퇴임 연령을 한참 넘긴 나이다. 그녀가 밝게 웃으며 열심히 일하는 것은 본인의 노년을 보다 활기차고 보람있게 지내기 위해서가 아니다. 그랬다면 오죽 좋았겠냐만은 그녀에게는 아직도 어머니의 너른 그늘에서 놀기 좋아하는 삼 남매가 있다.

　여기, 도저히 한 배를 가르고 나왔다고는 믿기지 않는 동기간이 있다. 교도소를 드나드는 시정잡배 건달인 장남 한모. 가족 유일의 대졸 출신이자 영화감독인 차남 인모. 남매 중 유일하게 고정 월급을 벌어오는 막내딸 미연.

　첫째만 빼면 다 괜찮지 않냐고? 아니다. 영화감독이라는 것이 영화가 대박 나야 차기작도 들어오고 돈벌이가 되는데 비운의 인모는 첫 작품 말아먹고 지금은 허울 좋은 '시나리오 구상 중', 즉 백수 신세다. 주먹만 쓰지 않지 인모나 한모나 한심하기는 마찬가지. 요즘 충무로에는 감독이 남아돌아 들어오는 의뢰건이라고는 애로감독, 소위 '떡감독'으로 불리는 것밖에 없으니 집안 유일, 먹물의 자존심은 이미 밟힐 대로 밟혀 있다. 미연은 똑소리나는 생활력 강한 여성이긴 하지만 천성이 남자 없이는 살 수 없는지라 결혼과 이혼을 반복하고 있다. 지금은 이혼과 재혼 사이에서 딸 민경이를 앞세우고 엄마 집에서 신세를 지고 있다.

이렇게 개성이 강하고 삶의 결이 다르니 멀리 떨어져 살아도 싸울 판인데 한 지붕 밑에서 살고 있다니. 안 봐도 눈에 그려지지 않는가. "병신 같은 새끼, ×발"이 입에 달린 한모와 인모는 40대라는 나이가 무색하게 육탄전까지 불사하며 싸운다. 딸까지 데리고 들어온 미연 역시 만만치 않다. 육탄전까지는 아니지만 오빠들 알기를 우습게 안다. 그렇지 않을까? 집안 유일의 밥벌이인(人)이 가지는 우월감이랄까….

집안 꼴 한번 잘 돌아간다고 생각되겠지만, 엄마는 마흔이 넘은 이 자식들을 정성으로 건사하기 바쁘다. 고기 반찬이 떨어질까 삼겹살을 줄기차게 밥상에 올리고 싸움박질이나 하는 두 장년 아들에게 만 원씩 쥐어주며 목욕탕으로 쫓아 보내기도 한다. 그 엄마에게 "엄마, 만 원만 더 줘."를 외치는 모습을 보면 40년 전이나 지금이나 어쩜 그렇게 하나도 달라진 게 없는지…. 그래도 엄마는 얼굴을 찌푸리지 않는다. 오히려 "엄만 이렇게 식구가 모여 사는 것이 행복해."라고 진심을 담아 말한다. 한심한 자식들을 보며 내 팔자는 왜 이렇게 박복하냐고 푸념을 늘어놓을 만도 하건만….

우리나라가 좀 더 심하긴 하지만 이런 내리사랑의 문화는 동서고금을 막론하고 어느 정도는 존재한다. 영화 〈사랑 후에 남겨진 것들〉의 독일인 노부부는 평화로운 노년을 보내고 있었다. 삼 남매는 번듯하게 장성하여 부모

곁을 떠난 지 오래. 노부인은 남편의 생이 얼마 남지 않았다는 의사의 급작스러운 선고를 받고 남편과 함께 자식들을 방문한다. 하지만 각자의 생활이 있는 자식들에게 이제 부모는 더 이상 달가운 손님이 아니다.

"난 애들을 모르고 애들은 날 몰라." 자식들의 냉랭한 기운에 우울해져 자기 집으로 돌아가고 싶은 아버지 루디. 평생을 일만 해온 무뚝뚝한 루디는 그렇다 쳐도 남편과 자식들을 돌보느라 부토 무용가의 꿈도 버리고 헌신한 어머니 트루디에게까지 자식들은 고맙게만 생각할 뿐, 그 마음을 행동으로 보이진 않는다. 회의가 먼저고 수업이 먼저고 내가 해야 할 일이 먼저다.

"이번에는 오빠가 맡아야 하는 거 아니야?"

"아니지, 내일은 네 차례 아니니?"

이쯤 되면 부모는 맡기 싫은 짐일 뿐이다. 그 옛날 부모는 모든 일을 제쳐놓고 자식이 가장 먼저였는데 말이다.

부모의 사랑은 무조건, 무조건이야?

내리사랑은 있어도 치사랑은 없다더니 정말 그런 것일까? 물론 세상 모든 생명체가 어릴수록 귀엽고 사랑스럽고 관심이 간다는 사실을 부정할 수는 없다. 부모보다는 내 새끼를 더 챙기게 되고 새끼 중에서도 나이가 어릴수록 더 예뻐하게 되는 내리사랑은 그야말로 자연의 섭리다. 하지만 자식을 낳아 키우고 마음을 쏟고 사랑을 하다 보면 자연히 부모 생각이 나기 마련이다. '내 부모도 나를 이렇게 애지중지 키웠겠지', '얼마나 힘들었을까' 그런 생각이 들었다면 그나마 '역지사지易地思之'가 되는 인간이니 자식에게 하는 것의 조금이라도 떼어내어 부모를 돌보고 관심을 기울이시라. 새끼를 키우다가 문득문득 마음이 짠해 오고 엄마 생각이 난다면 전화라도 드리면서 사랑한다고, 감사하다고 마음을 전해보라는 말씀. 그것 나름대로 의미가 있을 것이다.

문제는 그런 것조차 모르는 사람들이다. 부모의 사랑을 당연한 것으로 아는 것, 부모는 당연히 그래야 한다고 생각하는 태도. 하지만 이 세상에 당연한 것은 없다. 종종 뉴스에도 나오지만 자식을 버리는 부모, 자식을 학대하는 부모 또한 존재한다. 낳았다는 이유만으로 당연히 사랑해야 한다는 논리는 그 어디에도 찾아볼 수 없다.

하지만 우리는 은연중에 부모의 사랑은 무조건적이고 당연히 받아야 하는 것이라고 생각을 한다. 이 생각은 부모의 사랑을 기대하게 만든다. 그런데 기대감은, 다시 말해 상대에게 뭔가를 바란다는 것은 관계를 악화시키는 첫 단추가 된다. 잘 이해되지 않는다면 애인 사이를 생각해보자. 서로 싸우거나 불협화음이 날 때는 보통 어떤 때인가. 아마 대개는 상대가 나의 기대를 저버렸을 때일 것이다. 선물을 줄 거라 기대하고 나왔는데 상대가 빈 손일 때, 돌아오는 연휴에는 같이 놀러가고 싶은데 아무런 제안도 하지 않을 때, 우리는 화가 나고 그 사랑 자체를 의심하지 않는가.

세상 모든 관계의 기본, 기브 앤 테이크

부모와의 사랑도 마찬가지다. 이성 간의 사랑처럼 뭔가를 주지도 않은 처지에 우리는 염치없게 무한정 받기만을 바라고 있다. 문제는 여기서 그치지 않는다. 무한정, 무조건이라는 단서를 달고 있기에 부모가 무조건적으로 사랑을 베풀어도 만족하는 자식이 없다. 마음 속의 기대치는 항상 높은데 현실은 언제나 못 미치기 때문이다. 영화 〈고령화가족〉에서도 한모나 미연은 엄마에게 먹물 인모만 편애한다고 사랑 투정을 한다. 피 한 방울 안 섞인 한모한테 왜 그렇게 공을 들이냐며 미연은 한 술 더 뜨기도 한다. 영화 〈사랑 후에 남겨진 것들〉에서도 자식들은 노부부를 향해 일본에서 일하는 칼만 위한다고 부루퉁거린다. 나머지 우리는 자식이 아니냐는 투다. 칼이 그렇게 보고 싶으면 그를 찾아가는 것이 가장 합당하지 않느냐, 왜 우리에게 뭔가를 받으려고 하느냐는 계산 논리가 그들을 지배한다.

계산 얘기가 나왔으니 진짜 현실적으로 계산 한 번 해보자. 세상 모든 관계의 기본은 '기브 앤 테이크give and take'다. 쌍방향이 아닌 것이 없다. 인간과 인간 사이에서 일방적인 관계는 문제만을 낳는다. 부모와 자식 간의 사랑이라고 다르지 않다. 나이 들고 철 들면 부모의 마음을 알아줄 거라고? 천만에. 성인이 되어서도 부모에게 돈이든 사랑이든 받으려고만 드는 자식들, 해준 것도 없으면서 자꾸만 내놓으라는 자식들에게 사랑만 가르쳐서 될까? 자식이 부모를 호구로 아는 데는 스스로 깨달을 줄 모르는 자식의 모자람도 문제가 있지만 그런 식으로 길들인, 내리사랑의 화신인 부모의 양육에도 문제가 크다. 그러니 부모의 사랑에도 한계가 있고 모든 것에는 정도가 있다는 것을 분명하게 가르칠 필요가 있다.

공자의 《논어》학이學而편은 배움의 근본에 대해서 얘기하고 있다.

弟子入則孝 出則悌 謹而信 汎愛衆而親仁 行有餘力 則以學文
(제자입즉효 출즉제 근이신 범애중이친인 행유여력 즉이학문)

제자들은 안에서는 효도하고 나와서는 공손하며, 행동을 조심하고 말을 믿음이 가게 하며, 널리 사람들을 사랑하되 어진 이를 가까이하며,

이것을 행하고도 여력이 있으면 학문을 배워야 한다.

만약 효라는 것이 인간이 가진 본성이어서 스스로 발현되는 것이라면 굳이 공자가 '효'라는 것을 배움의 맨 처음 시작으로 삼았을 리 없다. 인성을 형성하는 데 그만큼 중요하지만 자연스럽게 체득되는 것이 아니기에 공자는 틈만 나면 '효'라는 것을 언급하곤 했다. 부모가 자식의 생일을 챙기고 어린이날 선물을 챙기는 것처럼 자식에게도 부모의 고마움을 표현하는 방법을 가르쳐야만 한다. '나이 들면 스스로 알아서 하겠지. 굳이 말 안 해도 알아주겠지.'라는 안이한 생각이 결국 패륜 시대를 낳고 있다는 사실을 잊지 말아야겠다.

아니, 이렇게 퍼 주고 남아요?

영화 〈고령화가족〉의 엄마를 보면서 싸고 맛있는 대박 맛집 사장님들에게 VJ들이 하는 질문이 떠올랐다. "이렇게 퍼 주고도 남아요?"

사장님들은 하나 같이 말한다. "많이는 아니지만 조금은 남아요."

과연 영화 속 엄마도 그렇게 말할 수 있을까? 우리 부모에게 누가 그런 질문을 한다면 그분들은 어떤 대답을 할 것인가. 혹은 나의 말년에 이 질문을 받게 된다면 나의 대답은 무엇일까. 대박 맛집 사장님의 판에 박힌 대답처럼 "많이는 아니지만 조금은 남아요."라는 말을 담담히 할 수 있기를, 그런 말을 들을 수 있기를 바란다.

마더 (2009)

감독 : 봉준호

출연 : 김혜자, 원빈, 전미선, 진구 등

모자란 아들, 그 아들이 범죄자로 몰렸다고 믿는 엄마. 억울한 아들의 누명을 벗기기 위해 광기 어린 노력을 하는 엄마의 모습은 섬뜩하기까지 하다. 김혜자 선생님이 꼭 이 역할을 맡아야 했다고 말한 봉준호 감독의 의도를 100퍼센트 공감할 수 있다. 여러 가지 메타포가 숨어 있으니 나름 다양하게 해석해서 적극적으로 재미를 찾아보자.

가족의 탄생 (2006)

감독 : 김태용

출연 : 엄태웅, 문소리, 고두심, 공효진 등

사이좋은 남매에게 찾아온 위기. 동생이 데려온 여자가 엄마뻘이라면? 정신차리고 현실을 직시해야 할 엄마는 사랑에 사족을 못 쓰고 그런 엄마가 지긋지긋한 딸. 뭔가 관계 설정이 정상에서 벗어난 듯 보이는 이들이 보여주는 가족 탄생의 비화. 부모와의 관계에서 오는 상처에서부터 시작해 가족이라는 이유로 우리가 보듬어 가야 하는 온갖 '막장'을 따뜻한 시선으로 그려냈다.

인생은 아름다워 (1997)

감독 : 로베르토 베니니

출연 : 로베르토 베니니, 니콜레타 브라스치 등

강한 모성애만 존재하는 것이 아니다. 사랑하는 아들의 생존을 위해서 본인의 인생을 바치는 눈물겨운 부성애도 있다. 유대인 수용소에서 아들을 살리려는 아빠는 아이의 눈높이에 맞는 생존전략을 짜나간다. 어른을 위한 동화처럼 스토리를 환상적으로 풀어내어 계속 미소를 자아내게 하는 영화. 인생은, 역시 아름답다.

두 번째 이야기 ··· CAPITALISM

뭐니 뭐니 해도 머니!

'We are still hungry.'

히딩크가 외칠 때 멋졌다.

그런데 자본 앞에서의 이 말은 그렇게 추할 수가 없다.

다다익선多多益善만 있고 안분지족安分知足은 없는

이 희한한 걸신 든 욕망이 우리를 돈의 노예로 살게 한다.

사람도 사랑도 권력도 행복도 모두 돈으로 살 수 있을 것 같은

착각이 돈 앞에서 우리를 한없이 작게 만든다.

지상 최고의 가치를 돈에서 사람으로 바꾸는 일,

그 꿈★을 향한 출발선은 어디인가.

::: 함께 이야기 나눌 영화 :::

〈작전〉〈카트〉〈타짜〉〈하녀〉

Capitalism

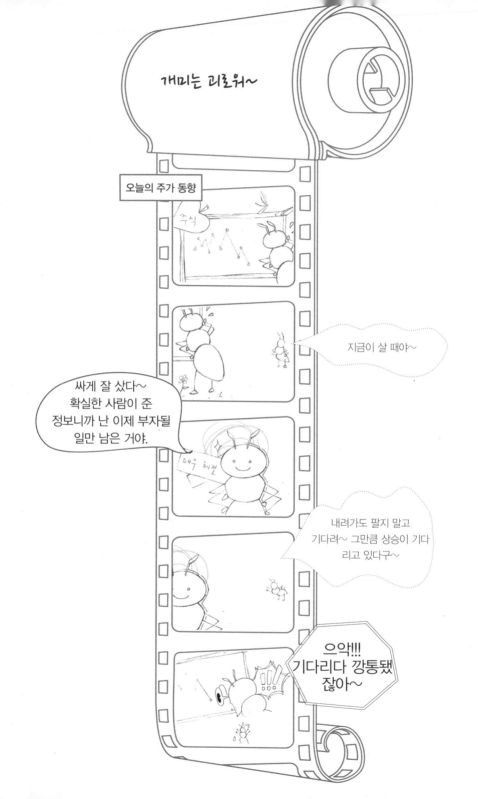

돈을 벌고자 욕망하는 모든 곳이 전쟁터다

by 〈작전〉

인터넷을 열면 '헉', '세상에' 이런 감탄사로 도배된 광고 카테고리가 두 가지 있다. 바로 성형과 주식투자 관련 광고가 그것이다. 정말 믿지 못할 얘기들이 난무한다.

'저런 얼굴이 이렇게 될 수 없는데? 이 사이즈가 저런 사이즈가 될 리 없는데! 포토샵이겠지?'

주식투자는 포토샵이 들어갈 여지가 없으니 더더욱 놀라울 따름이다.

'10억 버는데 프로그램 돌려 딱 1년'

'밤마다 50억?'

이게 사실이라면 세상 사람 모두 부자가 되었어야 하는데 그게 아닌 걸 보면 역시 광고는 광고일 뿐이다. 그래도 돈 벌어 폼나고 멋지게 살고 싶은 심리가 우리 속에 도사리고 있음을 인정하지 않을 수는 없다.

작전주는 어떻게 탄생하는가

현수는 연극영화과를 나온 취업에 비전 없는 젊은이다. 그런 주제에 착실하게 돈 벌어 과천에 낡은 아파트를 '매수'하는 엄마를 그저 답답해 한다.

"엄만 열심히 안 살아서 이 모양 이 꼴이야? 죽을 등 살 등 해서 겨우 이거 아니야. 구질구질한 아파트가 엄마 인생 최고의 성공이라구."

부동산 투기니 뭐니 하지만 사실 우리는 돈이 돈을 버는 것에 무심한 사람들을 보고 답답함을 느낀다. 현실감이 떨어진다고 생각한다. 현수 역시 마찬가지였다. 주변에서 주식으로 대박을 쳤네, 땅 투자로 몇 배를 벌었네, 하는 소문에 마음이 붕 뜨고 '어디 나도 한 번 해볼까?'라는 생각이 슬며시 들었다. 주변에 닷컴 버블로 돈 한 번 벌어보자는 바람잡이 선배까지 있으니 그가 빈 깡통을 차는 건 시간 문제였다.

하지만 이 남자, 억울한 일을 당하면 잠도 못 자는 집념의 성격이다. 다시 절치부심의 5년. 반지하 셋방에서 오직 주식과 씨름하며 밥벌이 하는 전문 데이트레이더, 즉 개미의 삶을 산다. 통장에 잔고 10억을 찍는 날, 이 답답한 모니터 주식 생활을 청산하리라 다짐하며 말이다.

여기까지는 좋았다. 강한 집념에 엄마가 주신 성실함과 정직함까지 더한 자기 절제가 있는 남자니까 아마 외부 요인이 아니었다면 그는 통장에 10억을 찍고 깨끗하게 밝은 세상으로 나와 우리와 별다를 바 없는 인생을 살았을 것이다.

그러나… 운명은 그를 다른 곳으로 멱살 잡고 끌고 간다. 주식 공부 5년 만에 깨친 혜안으로 작전주 하나를 눈치 채게 되고 그걸 친구에게 알려주는 우를 범하는 바람에 작전주를 물 먹인 셈이 되어 버린 것. 그 작전주가 보통 작전주였냐구? 일명 '안산 돈까스'로 조직폭력배를 이끌다가 지금은 캐피

탈업으로 사업을 확장한 황종구 사장의 작전이었던 것이다. 이 얄궂은 인연으로 현수는 '작전주 어깨타고 돈벌기'를 넘어 작전 지휘관으로 발탁된다.

금융감독원의 감독이 강화되고, 내부자 거래를 금지하고, 부당한 정보를 이용한 부당이익 편취를 막는 등 여러 가지 법안이 생겨나고 있지만 아직도 우리는 주식, 특히 코스닥을 볼 때 '저거 혹시 작전 아닐까.' 하는 의구심을 풀지 못한다. 영화 〈작전〉에는 이러한 우리가 작전에 대해 알고 싶은 것들이 이해하기 쉽게 나와 있다.

일단 황종구 사장처럼 만만한 주식 하나로 돈 좀 벌어보겠다는 깡패 사장이 있다. 이 영화에서 그가 찾은 주식회사는 재벌2세가 운영하는 건설회사다. 이 건설회사, 놀고 먹는 것은 기본이고 도박으로 빚까지 있는 2세가 운영하다 보니 내실을 기하기보다는 동창이 하는 폐수정화기술 회사를 위장으로 합병하여 그저 도박 빚 갚을 궁리만 한다. 이들의 이런 허튼 수작을 믿게 만들기 위해 주식 전문가 애널리스트가 등장한다. 그가 작전주를 띄워주는 멘트를 해주는 대가로 한 몫 단단히 챙기는 건 물론이다. 여기에 추가로 사회 고위층, 즉 양심불량자를 위한 은행을 운영하는 PB Private Banker가 자금을 끌어들이고 검은 머리 한국인인 재외동포 매수 세력도 합세한다. 완벽하지 않은가? 마치 작전 종합선물세트 같다.

손발 착착 맞아 떨어졌다. 전문가 추천에, 미래 유망 업종인 환경 산업인데다가 주가도 상승세를 타니 일반인이 움직이기 시작했다. 전문 작전꾼들의 작전에 완벽히 걸려든 것이다.

"개미라고 들어보셨죠? 남의 말 믿고 감 가지고 투자하는 사람들. 이 사람들 있는 한, 우리나라 주식 시장 안 망해요."

전문 작전꾼들이 이런 말을 하는 것도 무리는 아니다. 아니 진짜로 개미는 주식시장에서 영원한 '호갱'님이 될 수밖에 없는지도 모른다.

금융회사는 철저히 '금융회사'의 이익을 위해서 움직인다

현실적인 사상가 한비의《한비자》비내備內편에 보면 이런 내용이 나온다.

> 后妃夫人太子之黨成 而欲君之死也(후비부인태자지당성, 이욕군지사야)
>
> 君不死 則勢不重(군불사 칙세부중)
>
> 情非憎君也 利在君之死也(정비증군야 리재군지사야)
>
> 故人主不可以不加心於利己死者(고인주불가이불가심어리기사자)
>
> 후비, 부인, 태자가 무리를 지어 군주가 죽기를 바라는 것은 / 군주가
> 죽지 않으면 자기들의 권세가 성대해지지 않기 때문이다. / 인정으로
> 군주를 미워해서가 아니라, 군주가 죽어야 이로움이 있기 때문이다. /
> 따라서 군주는 자기가 죽으면 이로움이 있게 될 자에게 주의하지 않
> 으면 안 된다.   -《한비자》비내편 중에서

나 자신의 이익이 혈육 간의 정보다도 앞선다는 것을 적나라하게 보여주
는 구절이다. 그건 옛날 얘기 아니냐구? 아니, 인간의 본성은 한비가 살던
기원전이나 지금이나 하나도 변하지 않은 듯하다. 인간은 철저히 '나'의 이
익을 위해서 움직인다. 물론 성인의 반열에 오른 그렇지 않은 사람도 있지
만 대부분의 보통 사람은 그렇다는 얘기다. 어디선가 '돈' 되는 정보가 들어
온다고? 그렇다면 그 정보를 냉정하게 따져봐야 한다. 나에게 돈 되는 정보
인지 누군가 다른 사람에게 돈 되는 정보인지를.

대부분의 증권사들은 주식의 목표가를 현재가보다 높게 잡는다. 이유는 다양하다. 하지만 그 이유가 뭐든 현재보다 오를 거라는 장밋빛 전망 일색이다. 증권사는 증권중개수수료가 수입원이며 주식을 발행하는 회사는 그들에게 고객이다. 밉보일 수가 없다. 다소 불투명하더라도 최대한 긍정적으로 포장할 수밖에 없는 것이다. 다시 말해 그들의 이익이 우선이지 주식 투자자 수익률이 우선일 수 없다는 말이다.

전문가라는 사람들이 어떻게 움직이는지는 그들의 수입이 어디에서 생기는지를 따져보면 이해가 된다. 그러니 맹신은 금물이다. 언론 역시 마찬가지다. 그들의 입을 통해서 나오는 말 역시 잘 따져봐야 한다. 상장 회사들이 그들에게 돈을 내고 광고하는 광고주라는 사실을 우리는 잊어서는 안 된다.

이것저것 다 떠나서 '요즘 금융상품 자체가 너무 어려워서 무슨 말을 하는지 모르겠다.'고 불평 아닌 불평을 하는 사람이 있다. 그런 사람들 마음속에는 그냥 금융사에서 하는 말을 믿었다고 정당화하고 싶은 심리가 깔려 있다. 하지만 생각해보자. 왜 주식 관련, 혹은 경제 관련 용어들은 점점 더 어려워지는 걸까? 뭔가 어렵게 만들어서 우리 스스로 알려는 의지를 꺾으려는 것은 아닐까? 그래서 "우리나라 안 망하면 이 상품 마이너스 날 일이 없어요."라는 금융사 직원의 말을 믿게 하려는 건 아닐까?

이 영화에서는 말한다. 주식시장은 전쟁터라고. 그러나 주식시장이라고 한정할 필요가 없다. 돈을 벌고자 하는 욕망이 있는 곳은 모두 전쟁터다. 그러니 자기 목숨은 자기가 지키는 수밖에 없다. 어렵다고? 공부해라. 모르겠다고? 그렇다면 투자하지 마라. 전문 작전꾼들에게 "맨날 세력들에게 당했네, 작전에 말렸네, 우는 소리나 하지 지들 대가리 딸려서 깡통 찼다는 소리는 죽어도 안 해요."라는 개무시 당하지 않으려면.

돈 깡패에게 당하지 않으려면

돈이 싫은 사람은 아무도 없다. 주식 투자를 나쁘다고 생각하지도 않는다. 하지만 어떤 것을 투자할 때는 그 투자 대상을 면밀히 알아보고 해야 한다. 누군가의 말을 믿고 들어가는 순간, 그 투자는 그 누군가의 주머니를 불리는 투자일 뿐 나 자신의 투자가 될 수 없음을 알아야 한다.

기대수명이 늘어나면서 노후자금 준비에 대한 관심이 그 어느 때보다 높아졌다. 2000년대가 닷컴 열풍으로 말미암은 주식사기가 창궐한 시대였다면 다가오는 미래는 노후자금을 놓고 벌이는 한 판 사기가 벌어질 확률도 농후하다. 그 무대가 제주도의 임대 사업이 될지 모뉴엘과 같은 사기 기업이 될지, 아니면 뭔가 다른 것일지는 모르겠다.

> "하루 만에 두세 배씩 크거나 망하는 회사는 없어. 근데 주식시장에서는 말이야 하루에도 몇천억씩 생겼다가 없어졌다 하지. 그게 무슨 의미겠나. 아무 의미가 없다는 거야. 욕심들이 얽혀 있을 뿐이지. 그걸 알고부터 투자를 하게 될 때 주가를 보기 전에 사람을 보게 되더라구. 진짜로 일을 하는 사람 말이야."

영화 〈작전〉에서 '마산창투'로 나오는 노련한 고수 수퍼 개미의 고백이 자꾸 귓가를 맴돈다. 돈이 깡패라는 깡패 황종구 사장의 말마따나 깡패 손에 아구창 날아가고 다리 꺾이지 않으려면 정신 바짝 차리고 깡패들이 움직이는 심리를, 그 욕심을 잘 관찰하고 분석하는 수밖에 없다. 싸움은 선방이 중요하니까.

마진콜 : 24시간, 조작된 진실 (2011)

감독 : J.C 챈더

출연 : 케빈 스페이시, 데미 무어, 사이먼 베이커 등

한국의 〈작전〉보다 상상을 뛰어넘는 규모의 '작전'이다. 철저히 돈을 목적으로 움직이는 월가의 냉혈한들이 자신의 실수를 드러내지 않고 그 속에서 돈을 벌기 위해 벌이는 숨막히는 스릴감이 있다. 당신도 이 영화를 보고 나면 진짜 월가를 점령하고Occupy Wall Street 싶은 생각이 들지도 모르겠다.

더 울프 오브 월스트리트 (2013)

감독 : 마틴 스콜세지

출연 : 레오나르도 디 카프리오, 조나 힐, 매튜 매커너히 등

마틴 스콜세지라는 거장과 화려한 캐스팅에 기대를 너무 많이 한 걸까? 화려한 볼거리는 있으나 월 스트리트를 다룬 다른 영화와 비교했을 때 내용은 평균 이하다. 다만 전 세계 증권가에 이런 미친 놈들이 들끓고 있다는 경각심을 주기에는 충분하다.

월스트리트 : 머니 네버 슬립스 (2010)

감독 : 올리버 스톤

출연 : 샤이아 라보프, 마이클 더글라스, 캐리 멀리건, 찰리 쉰 등

사회 의식이 강한 올리버 스톤의 월 스트리트가 마틴 스콜세지의 월 스트리트보다 매력적이고 설득력 있게 다가온다. 탐욕스러운 돈의 속성을 잘 보여주지만, 그래도 마지막에는 돈보다 더 중요한 것이 있다는 훈훈한 헐리우드식 엔딩이 기다리고 있다.

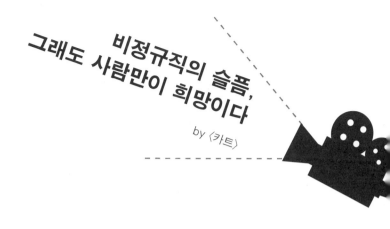

비정규직의 슬픔, 그래도 사람만이 희망이다

by 〈카트〉

"대체 어떻게 생긴 사람들이길래, 백화점에서 1억을 써? 그것도 1년에? 그 사람들이랑 나랑은 뭐가 얼마나 대단히 다른데?"

"그쪽은 자기 통장에 얼마가 있는지 알지만, 그쪽과 다른 그 사람들은 자기 통장에 얼마가 있는지 몰라. 매일 매분 매초마다 국내외 통장 잔고가 불어나니까. (중략) 그들이 1년에 1억씩 쓰면서 원하는 건 딱 두 가지야. 불평등과 차별. 군림하고 지배할 수 없다면 차라리 철저히 차별받길 원한다고. 그게 그들의 순리고 상식이야."

몇 년 전 큰 인기를 끌었던 드라마 〈시크릿가든〉의 가난한 스턴트우먼 길라임과 재벌3세 김주원이 나눴던 대화다.

이 시대가 철저한 계급사회라는 것, 양극의 계급은 서로를 이해하는 것조차 불가능하며 그들이 섞일 수 있는 유일한 계기는 '지배와 피지배'의 관계일 때라는 얘기다. 사실 김주원의 구구절절한 설명이야 익히 느끼며 사는 바여서 그리 놀랄 것은 없었는데, 백화점에서 1년에 1억을 쓰는 사람이 '나랑 무엇이 다르냐'고 묻는 길라임의 뇌구조는 실로 놀라웠다. 그녀는 정말 모르는 걸까? 태어날 때부터 금 숟가락 물고 태어나는 사람과 일회용 플라스틱 숟가락 물고 태어나는 사람이 따로 있다는 것을.

사회계급의 발생원인, 계급과 불평등의 역학관계는 사회과학적으로 설명하지 않아도 누구나 자연스럽게 인지한다. 그런데 서른이 가깝도록 길라임은 어떻게 그걸 모른 채 살아왔을 수가 있는지 의아할 뿐이다. 물론 누군가 내 숟가락을 빼앗아가 밥을 먹지 못하는 경우만 아니라면 굳이 숟가락의 종류를 문제 삼아 분노를 표출할 일은 없을 게다. 그래서 사실 길라임이 부럽다는 생각도 든다. 가능하다면 그걸 모른 채 살아가는 게 행복일 수도 있겠다 싶어서.

그러나 숟가락을 뺏겼다면 상황은 완전히 달라진다. 그것도 나만 뺏긴 게 아니라 단체로 전부 빼앗겼다면 어느 누구도 수수방관만 하고 있지는 못할 것이다. 영화 〈카트〉에 나오는 대형마트 '더마트'의 계약직 직원들처럼.

인간다운 삶을 외치는 '을'의 영화

그들은 계약서 따윈 화장실 뒷처리용으로도 안 쓸 회사 임원들을 상대로 길고 긴 투쟁에 들어간다. 일방적인 대량해고의 부당함에 대항하기 위해서다. 노동조합을 만들어 임원들과 협상을 시도해보기도 하고 마트를 점거해 파업농성을 해보기도 한다. 물론 임원들은 콧방귀도 뀌지 않는다.

"본사에서 노조 인정 안 한다잖아. 직원도 마음대로 못 들이면 그게 회사야? 절차상 하자가 좀 있다고 결과 바뀔 거 아니잖아! 좀 있으면 지쳐 떨어지겠지. 아줌마들이 해봤자지 뭐."

수년 동안 대면해온 직원들 알길 우습게 여기는 점장의 말본새가 이 지경이니 본사 임원 탓해봤자 무엇하리. 회사가 경찰병력을 투입시키고 직원들을 일순간에 철창에 가두는 것은 충분히 예정된 수순이었을지 모른다.

문제는 계약직에게만 있느냐, 천만의 말씀 만만의 콩떡이다. 회사 정규직원 중에 유일하게 여사님, 이모님들 편에 선 강동준 대리는 마트가 곧 매각될 예정으로 계약직들은 용역으로 바꾸고 정규직들은 연봉계약직으로 돌려 팔아넘기려는 사실을 알게 된다. 즉 정규직도 똑같은 파리 목숨이라는 얘기다.

계약직 노조만으로도 머리가 아픈 회사 입장에서 정규직원 노조까지 만든 강대리. 예뻐 보일 리 만무하다. 괘씸죄로 정규직원 첫 해고자가 되었고 이후 계약직 노조원들과 합세해 회사를 상대로 기약 없는 싸움에 돌입한다. 천막농성 초반에는 시민들의 가세와 조합원들의 상호 독려로 모두가 투지로 가득찼다. 중앙노동위원회의 회사구제명령 소식까지 전해지면서 전원복직의 희망도 커져만 갔다.

그러나 이들의 힘이 커질수록 이들을 누르기 위한 회사의 꼼수도 만만치 않았다. 알바를 고용해 대체인력제를 시행하거나 몇몇 직원들을 회유해 노조를 자중지란에 빠뜨리는 것은 애교로 봐줄 만했다. 그러나 용역깡패들을 불러 천막을 부수고 그 과정에서 조합원 간부인 혜미의 어린 아들 민수가 크게 다치면서 사태는 예상치 못한 방향으로 전개되고 만다. 혜미를 비롯한

소수의 직원이 노조를 탈퇴하고 회사에 백기를 든 것.

전원복직을 두고 오랫동안 투쟁해온 조합원들은 회사에 대한 원망보다 자신들을 배신한 노조원들에게 더 큰 분노와 절망을 느꼈다. 대표적인 사람이 바로 선희. 그녀는 수당도 안 주면서 꼬박꼬박 연장근무해 달라는 최 과장 요구를 거절하지 않고 5년 동안 벌점 없이 일한 대가로 3개월 뒤 정직원 발령을 약속받은 상태였다.

하지만 회사측의 회유를 뿌리치고 노조간부직을 맡아달라는 혜미의 부탁을 흔쾌히 들어준 그녀. 그런 그녀를 낙동강 오리알로 만든 사람이 혜미였으니…. 그런데도 선희는 혜미를 향해 화살을 쏘는 대신 아들을 수술대에 눕히고 동료를 배신할 수밖에 없었을 혜미를 다독인다.

> "혜미야… 우리 마트 점거했을 때 비 오던 날 기억나니? 가끔 그때 생각이 나. 내가 너한테 앞장서줘서 고맙다고 그랬잖아. 나라면 꿈도 못 꿀 일을 니 덕분에 했어. 혜미야. 우리 나중에 그때처럼 즐겁게 일하자."

노조위원장인 강 대리가 교도소에 수감되자 선희는 뿔뿔이 흩어진 조합원들을 일일이 찾아다니며 마지막 일전을 준비한다. 경찰에게 방패와 물대포가 있다면 그들에겐 앞으로 밀고 나갈 '카트'가 있다.

불평등과 차별은 거저 없어지지 않는다

"낙숫물에 정말로 바위가 뚫릴 수 있을까요?"라고 묻는 강 대리에게 우리가 할 수 있는 대답은 뭘까. '파업을 주도했던 노조 지도부들이 복직을 포기하는 조건으로 나머지 조합원 전원이 다시 일터로 돌아갔다'는 영화 말미의 자막을 보고 그래도 절반의 성공이라도 이뤘으니 그만하면 괜찮다고, 낙숫물이 돌멩이 정도는 뚫은 것이라고 말할 수 있을까?

반찬값이나 벌자고 나온 여사님들을 누가 꼬셨냐며 비아냥대는 회사 임원에게 "저 생활비 벌러 나와요. 반찬값 아니고!"라 대답했던 선희의 희생을 우리가 어떻게 함부로 '괜찮다'고 말할 수 있겠는가. 창도, 방망이도 아닌 고작 카트를 무기삼은 그들에게 말이다.

누구도 희망을 품지 않는 시대다. 《맹자孟子》에 나온 무항산무항심無恒産無恒心, 즉 '생활의 안정을 위한 일정한 생계수단이 없으면 바른 마음을 가지기가 어렵다.'는 단순한 이치를 기대하지 못하는 시대가 바로 오늘날의 현실이다.

취업 자체가 어려운 데다 취업이 됐다 해도 바로 정규직으로 일을 시작하는 것이 거의 불가능하다. 열정페이가 아닌 것만 해도 감사해야 하는 비정상적 현실. 모두들 좌절의 끝에서 일어나지 못하고 무기력에 빠져 있다.

길고 긴 저성장, 지루하고 답답한 미래를 두고 우리는 진정 필요한 것이 무엇인지 생각하고 찾아내는 일을 시작해야 한다. 그건 '먹고 사는' 문제, 아니 '살고 죽는' 문제, 즉 생존권을 지켜내기 위해 우리가 풀어야 할 숙제다.

이 난제를 위정자들이 해결해주리라 믿는가? 그건 순수하다 못해 어리석은 일인 것 같다. 솔직한 심정으로는 민중의 영웅이었던 홍길동이나 임꺽정, 혹은 장길산 중 누구 한 사람이라도 좋으니 환생해서 "나를 따르라!"라고 해주면 좋겠지만 말이다. 영화 〈빵과 장미〉에서 미화원 노조원들을 이끄는 샘처럼.

"We want BREAD but ROSES too!"

샘과 미화원 노조원들이 외치는 구호다. 이런 구호를 외칠 수 있다니 정말 부러울 따름이다. '빵'만 달라 하기도 벅찬 우리로서는 '장미'는 언감생심. 그러나 샘은 당당하게 이렇게 덧붙인다.

"우리는 빵을 원하지만 삶의 모든 아름다운 것들도 원합니다. 그러나 아무도 거저 장미를 주지 않습니다. 언제 장미를 얻는 줄 아십니까? 구걸을 멈추고 단결할 때입니다."

정곡을 찌르는 말이다. 단결하지 않으면 그저 '구걸'에 불과하다는 것. 개인의 문제가 아닌 구조의 문제는 개인의 힘들을 최대치로 끌어모아 한꺼번에 터트릴 때만 위력이 생기는 법이다. 그 위력이 가공할 만하다 해도 지금과 같은 철옹성의 양극화를 깨기에는 역부족일 판. 그런데도 정작 힘을 모아야 할 우리의 모습은 어떠한가.

"이 유니폼의 비밀이 뭔지 알아요?
우리를 안 보이게 만든다는 거예요."

마트에서 미화원으로 처음 일을 시작한 마야에게 동료직원이 했던 이 말은 경찰에게 머리채가 잡히면서도 끝까지 부르짖던 선희의 말과 똑같다.

"여러분! 저희를 투명인간 취급하지 말아달라는 거예요!
저희가 바라는 건 사람대접 해달라는 거예요."

장미는커녕 빵조차 요구할 역량을 결집해내지 못하는 이유가 바로 여기에 있다. 우리가 내 옆 사람조차 투명인간 취급하기 때문에. 지금 내가 그들을 투명인간으로 보면 나 역시 언젠간 그들에게 투명인간이 된다. 지금 당장 나에게 닥친 문제가 아니라고 해서, 혹은 동참할 수 없는 현실이 괴로워서 외면하고 있다면 나 역시 언젠간 외면당할 것이다.

부품화한 개개인들이 자석처럼 서로를 이끌지 않는다면 '불평등과 차별'이 순리이고 상식인 사람들에게 절대 맞설 수가 없다. 그들은 우리를 인간의 형상을 한 로봇으로도 봐주지 않을 것이다.

구조는 그리 쉽게 무너지는 게 아니다. 하지만 불가능한 것 또한 아니다. 프랑스의 노동인권을 보라. 거저 주어진 게 아니라 수많은 노동자들이 흘린 피의 결과물이었다. 요구하지 않는 자에게 빵과 장미를 공짜로 줄 사람은 아무도 없다.

모두가 지쳐 있다는 걸 모르지 않는다. 버티는 것마저도 죽을힘을 다하는 것이란 걸 잘 안다. 그래서 마음은 그게 아닌데 목구멍이 포도청이라 몸과 마음이 따로 놀고 있는 것뿐이라고 믿는다.

모두가 힘들 때일수록 우리를 살게 하는 것은 역시 사람의 온기다. 내 옆 사람이 나에게, 내가 또 다른 옆 사람에게 온기를 계속 전달해야 한다. 불씨가 꺼지는 순간 모두가 죽는다.

(오늘날에는) 다른 사람들과의 공감이 얼마나 한 개인을 행복하게 하는 가에 대해서는 무지합니다. 공감이 감동의 절정은 못 된다고 하더라도 동류同類라는 안도감과 동감同感이라는 편안함은 그 정서의 구원久遠함에 있어서 순간의 감동보다는 훨씬 오래가는 것이지요. 마치 잉걸불처럼 서로가 서로를 상승시켜주는 것이지요.

- 신영복, 《강의》 중에서

성공회대 신영복 교수님의 《강의》라는 책에서 《맹자》의 여민동락與民同樂 사상을 설명하며 부연한 구절이다. 이 설명이 어렵다면 미진의 말을 대신 기억하면 된다. 대학 나와서 면접만 50번 넘게 봤어도 '더마트'에서 찍순이로 일하는 게 행복했던 그녀가 비록 해고 상태에서 볼멘소리로 한 말이지만 곱씹을수록 정답 같은 명언이 있으니.

"졸라게 사랑하랍니다. 고객님-"

직원교육용 매뉴얼의 립서비스 지침이면 어떠랴. 우리가 서로를 투명인간 취급하지 않으려면 '졸라게 사랑하는' 것이 최선인 걸!

내일을 위한 시간 (2014)

감독 : 장 피에르 다르덴, 뤽 다르덴
출연 : 마리옹 꼬띠아르, 파브리지오 롱기온 등

다르덴 형제의 작품답게 따뜻하다. 원제는 〈Deux jours, une nuit〉. 직역하면 '1박2일'쯤 된다. 영화를 보고 나면 '내일 tomorrow'로도, '내 일my job'로도 읽히는 중의적 제목 선정이 탁월했음을 느끼게 될 것이다.

설국열차 (2013)

감독 : 봉준호
출연 : 크리스 에반스, 송강호, 틸다 스윈튼, 고아성 등

동명의 프랑스 SF만화가 원작이다. 현실에서는 수직으로 나타나는 빈부격차와 계급구조가 영화 속에서는 수평의 기차로 표현됐다는 점이 인상적. 기차 칸을 차례차례 넘어가며 부조리한 현실을 타파해가는 주인공들의 모습에서 카타르시스를 느끼는 것도 잠시, 곧 어마어마한 비밀을 마주하게 될 것이니 기대하시라.

또 하나의 약속 (2013)

감독 : 김태윤
출연 : 박철민, 김규리, 윤유선, 박희정 등

삼성 백혈병 문제를 정면으로 다룬 실화. 클라우드펀딩 영화로 화제가 됐지만 영화를 개봉하기까지 적잖은 어려움에 부딪혀 영화 내용은 물론 개봉과정 자체가 한 편의 영화라고 해도 무방할 터. 영화에서처럼 현실에서도 '아빠'는 포기하지 않고 여전히 삼성의 추악함에 맞서 싸우고 있는 중이다.

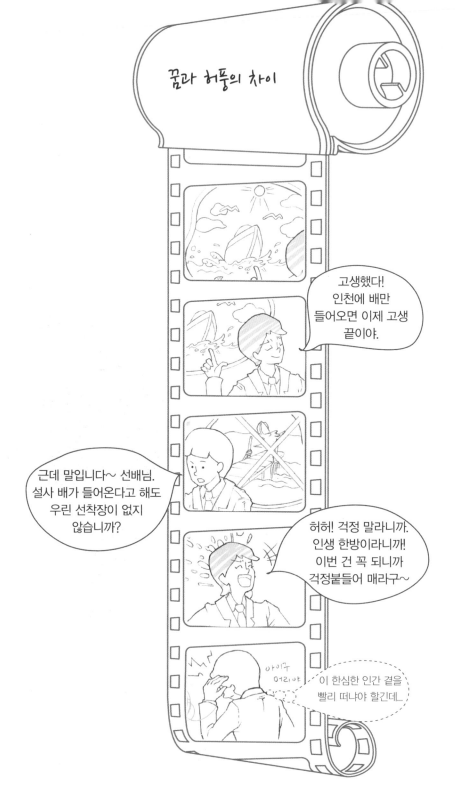

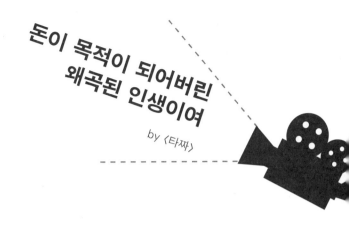

돈이 목적이 되어버린 왜곡된 인생이여

by 〈타짜〉

도박은 매력적이다. 돈을 걸고 게임의 승패를 점치는 일은 짜릿하다.

우린 보통 명절이나 되어야 친척, 혹은 친구끼리 모여서 카드 놀이, 일명 화투를 친다. 친교 모임이니 속임수도 없고 목적 자체가 노는 것에 있기 때문에 확률적으로도 공평하달까…. 하기사 그런 화투판에서도 빈정 상하고 의가 상하는 것을 보면 노름이라는 것 자체가 그냥 즐기는 상태에 머물기는 힘든 것인가 싶기도 하다.

우리나라에도 강원랜드와 같은 합법적인 도박장이 있다. 가보지는 않았지만 사람이 인산인해를 이루고 테이블에 앉는 것 자체가 상당히 어려운 일이라고 한다. 사이드 배팅도 흔히 일어나는 모양이다. 미국 라스베가스는 도시 자체가 하나의 거대한 도박장이다. 도박이라는 것이 주는 어둡고 암울한 분위기를 몰아내기 위해 호텔은 휘황찬란하고 세계적인 쇼도 넘쳐난다. 가족여행지로도 손색이 없을 정도다.

그런 곳에 가면 나도 맥주를 홀짝이며 슬롯머신 앞에 앉아 있거나 블랙잭, 포커 등을 한다. 게임은 즐겁기 때문이다. 하지만 이런 게임들이 즐겁게 끝나려면 명심해야 할 원칙이 있다.

첫째, 이것으로 돈을 벌 생각을 하면 안 된다. 도박장을 운영하는 것은 엄연한 사업이다. 세상에 밑지는 장사는 없다. 확률적으로 딜러에게 유리할 수밖에 없는 것이다. 물론 모든 게임에서 딜러만 이긴다면 그 도박장은 망하고 말 터이니 가끔은 손님도 대박을 터뜨리곤 한다. 그러나 대부분의 사람들은 혹시나 하는 마음에 기웃거리다가 역시나 하는 결과로 나오게 되니 애초에 기대를 품지 말지어다.

둘째, 이 금액까지만 한다는 상한선을 정해놔야 한다. 여행 경비로 얼마만큼의 돈을 쓰겠다는 것과 같은 개념이다. 사업자금이 아니라 유흥비이브로 어느 정도만 즐긴다는 굳센 마음가짐이 중요하다. 여행으로 가산을 탕진하진 않는다. 여행비는 내가 놀고 즐기는 약간의 비용이다. 정해놓은 돈을 모두 썼다면 미련없이 도박장에서 일어나야 한다.

그런데 단순한 이 두 가지 원칙을 지키기가 늘 어려운가 보다. 조금만 더 하면 돈을 딸 것 같고 이걸로 내 인생이 확 필 것 같은 느낌, 그걸 떨치지 못해서 있는 돈 없는 돈 다 탕진하고 건물 날리고 가정도 날리는 사람이 적지 않은 걸 보면.

영화 〈타짜〉의 고니도 처음부터 화투를 좋아한 것은 아니었다. 일하는 가구공장에서 밤이면 열리는 도박판을 보면서 슬슬 흥미가 당겨 시작한 것이 누나의 위자료를 몽땅 탕진하는 비극으로 끝났던 것. 그날 밤, 그는 죽기로 결심했다. 그러나 죽는 게 어디 그리 쉬운 일이던가. 그는 죽기보다는 쉬운 타짜의 길로 들어서기로 한다. 타짜가 뭐냐고? 노름판에서 남을 잘 속여 신의 손이라 불리는 능력자. 고니는 타짜가 되어 누나에게 진 빚을 갚는 즉시 도박판을 떠나리라는 믿기 어려운 다짐을 하며 도박판을 전전하기 시작한다.

그러던 어느 날, 그를 맨 처음 엿 먹인 이는 박무석에게 복수를 할 거라 부르짖는 그의 눈에 전국 3대 타짜 중 하나인 편경장이 보인다.

　　"화투는 슬픈 드라마야. 아예 모르는 게 약이지."

도박판에 발을 들이지 말라는 편경장의 만류에도 불구하고 그는 기어이 최루성 눈물 드라마 속으로 들어간다. 주먹들에게 얻어맞으며 맷집을 키우고 강아지처럼 편경장의 뒤를 쫄쫄 따라다닌 끝에 편경장의 제자로 들어가는 데 성공! 자유자재로 공을 다루는 투수가 되려면 무시로 공을 만지며 쥐는 법을 익혀야 하듯 고니도 화투장을 손에서 놓지 않는다. 편경장의 연륜이 주는 너른 그늘 또한 고니가 쑥쑥 자랄 수 있는 배경이 된다. 환상의 커플이 된 둘은 전국의 도박장을 돌아다니며 돈을 쓸어 담는다.

그러던 중 도박판의 꽃인 정마담의 도박장에 당도한다.

　　"나 이대 나온 여자야."

정말 이대 나온 여자인지는 모르겠으나 정마담은 사업수완이 좋았다. 편경장 때문에 이 더러운 도박판에 들어섰지만 이제 스스로 힘을 키워 거물로 자라났다. 도박판에는 영원한 친구도 영원한 적도 없다던 편경장의 말은 사실이었다. 한 때는 몸을 의탁하고 서로 의지하였지만 그것도 한때, 잠시 잠깐일 뿐이다. 그저 도박판은 돈 놓고 돈 먹는, 피도 눈물도 없는 냉혹한 승부의 세계일 뿐이다. 그 판에 있는 한 사랑을 하는 것도 사치요, 가정을 갖는다는 것도 말이 안 되는 먼 나라 얘기일 뿐이다.

왜냐고? 판돈이 수억을 넘나드는데 그 판에서 제정신일 사람이 과연 있을까? 돈을 잃은 사람은 사기를 당했든 실력으로 졌든 내 돈 내놓으라고 돈 딴 사람을 지옥에라도 쫓아갈 판이다. 우리가 보통이라고 생각하는 모든 것이 비정상이 되는 왜곡된 세계가 바로 도박의 세계란 말이다.

인생 한 방? vs. 티끌모아 태산?

"화투판에서 사람 바보 만드는 게 뭔지 아세요?
바로 희망. 그 안에 인생이 있죠. 일장춘몽."

똑똑한 정마담의 화투판 해설은 통찰력으로 빛난다. 우리가 물불 안 가리고 도박에 빠지는 이유가 바로 희망을 보기 때문이다. '이번 판이 안 되면 판돈을 키워 더 크게 가면 되잖아. 그러면 본전뿐인가, 돈을 버는 일이지. 확률 게임이잖아? 7분의 1의 확률이라면 일곱 게임을 하되 한 번만 크게 가면 되는 거야. 이기는 게임이라고.' 이렇게 생각하기 때문이다.

하지만 이건 공정한 룰이 적용되었을 때의 얘기다. 도박장에서는 사업주가 돈을 벌고, 불법 사기 도박꾼들의 하우스에서는 그 사기꾼들이 돈을 번다. 그들의 비즈니스지 우리의 비즈니스가 아닌 것이다. 하지만 한 번이라도 돈을 따본 사람은 돈을 벌 수 있다는 희망이 뇌리에 더 끈덕지게 달라붙는다.

별다른 노력 없이 한 방으로 팔자를 고칠 수 있다는 그 생각은 유혹 중에 갑이다. 게다가 '난 커서 아빠랑 결혼할거야.'라고 외치는 어린아이의 꿈처럼 순진하고 현실성이 없다.

설령 만에 하나 도박판에서 돈을 벌었다고 치자. 그 돈은 우리가 생각하는 '돈'이 아니다. 도박으로 수억을 번 날 밤, 고니와 그의 파트너 고광렬은 같이 술집에 들러 조니 워커 블루 한 병에 150만 원을 지불하며 광란의 밤을 보낸다. 이게 뭘 의미하는가? 쉽게 번 돈은 쉽게 쓸 수밖에 없는 우리의 심리를 보여주는 것이다. 별다른 노력 없이 사기 쳐서 눈속임만 제대로 하면 하룻밤에 빌딩 한 채가 오락가락하니까 쓰는 데도 두려움이 없는 것이다.

한 연구조사에 따르면, 로또로 수십억 돈 벼락을 맞은 사람들을 추적해본 결과 대다수가 돈을 다 탕진하고 또 다시 쉽게 돈을 벌기 위해 나쁜 짓을 저질렀다고 한다. 한때의 행운이 영원히 나를 따라주리라는 착각에 빠져 펑펑 쓰다가 이혼당하고 범죄까지 손을 대는 한심한 인생도 있었다.

이런 한탕주의와 정반대의 인생을 사는 사람도 있다. 영화 〈티끌모아 로맨스〉의 홍실이 바로 그런 인물인데, 악바리에 짠순이도 이런 짠순이가 없다. 50원짜리 빈 맥주병 때문에 이웃집 옥상을 목숨 걸고 뛰어 넘어간다.

"저기요, 그게 얼마나 한다고."

그런 그녀가 전혀 이해가 안 되는 이웃집 한량 백수 지웅의 말이다.

"이거 하나에 얼만 줄 알아요? 50원, 3개면 150원. 하루에 150원씩 365

일을 모으면 얼마?"

"오 오 이십오."

"5만 4천 750원. 그 돈이면 이 집 일 년 치 수도세 아닌가?"

홍실은 빈 맥주병은 물론이고 커피전문점에서 설탕까지 가져와 모으니 다른 건 말할 필요도 없겠다. 계산은 또 어찌나 빠른지 웬만한 건 인도식 암산으로 다 해결한다. 이런 홍실의 이웃 지웅은 그녀와 정반대. 나무늘보 스타일이다. 사지 멀쩡한 젊은 놈이 일을 하거나 부지런히 돈 벌 생각을 하지 않고 어떻게 하면 편하게 이 한 몸 편히 먹고 살 수 있을까를 심각히 고민한다. 그러니 홍실의 눈에 지웅은 그냥 '병신'으로 보일 밖에.

하지만 지웅이 보증금도 월세도 못 내 쫓겨날 처지에 몰리자 구원의 손길을 내민다. 마침 홍실 자신도 편법으로 보상금을 받기 위해 누군가의 차명계좌가 필요했던 거지만 이런 검은 속내는 감춘 채 두 달간 500만 원을 벌게 해주겠다는 조건으로 지웅과 비즈니스를 시작한다. 물론 그녀는 생각했을 것이다. 지웅의 이름을 본인도 모르게 빌려서 차명계좌로 쓰는 것은 미안하지만 반 거지 신세인 지웅에게 자신의 모든 사업수완을 전수하며 돈을 벌게 해주는 것이니 나름 공평한 거래라고.

이들의 비즈니스는 여러 가지다. 전국을 돌아다니며 폐가에서 쓸 만한 물건을 뒤져서 건지고 그것을 고물상에 판다. 연예인 사인(물론 홍실과 지웅이 손수 쓴 것들이다.)을 음식점에 팔고 빈 병도 수거하여 판다. 결혼식 하객 아르바이트는 물론 심지어는 가로등을 고장 내놓고 그 앞에서 손전등도 판다. 이렇게 힘들게 전방위적으로 돈을 버니 한턱을 쏠 수도 없다. '이게 어떻게 번 돈인데'라는 생각에 도저히 지갑이 열리지 않는 것이다.

진짜 티끌모아 태산을 이루려는 홍실이 지웅에게 설파하는 돈 버는 비법은 다음과 같다.

> "세상에 공짜는 없다. 세상에 쓸모없는 물건은 없다. 돈 생기면 무조건 입금해라. 그리고 통장의 잔고를 눈으로 확인해라. 무조건 팔 물건의 가격은 더 불러라. 손해 볼 일 없다. 급한 일 없으면 반경 10킬로미터 내외는 무조건 걸어라."

자린고비의 현신이다. 그녀는 왜 이렇게 이를 갈며 돈을 모으게 되었을까. 홍실의 아버지는 타짜다. 팔이 잘렸다. 아귀(《타짜》에 나오는 타짜 of 타짜. 워낙 실력이 출중하고 악랄해 그와 붙으면 귀가 잘리거나 팔이 잘린다고 한다.)가 했을까? 알수 없다. 다만 5년 전에 사업 홀딱 말아먹고 화투로 제2의 인생을 열겠다고 지랄하고 자빠졌다가 빚쟁이들이 쫓아오는 바람에 어머니 장례도 제대로 치를 수 없었을 뿐.

그날 그녀는 결심했을 것이다. 다시는 돈 때문에 이런 수모를 겪지는 않겠노라고. 사랑하는 사람의 마지막 가는 길마저 막는 이 돈이라는 원수를, 어떻게 해서라도 갚아주겠노라고.

어떻게 벌 것인가, 또 어떻게 쓸 것인가

돈만을 보고 경주마처럼 달린 홍실의 인생도 완벽하지는 않다. 돈 쓰는데 인색하고 긁어모으는 데 혈안이 되어 정작 그 돈이 목적이 되어 버린 그녀의 삶에는 하고 싶은 것이 존재하지 않는다. 돈이 수단이 아닌 목적으로 전락하는 순간, 인생은 이렇게 살기 힘든 척박한 전쟁터로 변하고 만다.

하지만 홍실은 한탕주의의 유혹에 빠지지도 않고 노동의 신성함도 알고 있으며 매일매일 열심히 살아간다. 돈에 담긴 원한을 푼 다음에는 분명 그녀도 돈은 목적이 아닌 수단일 뿐임을 깨닫게 될 것이다. 물론 인정한다. 홍실의 구질구질한 생활보다는 고니의 삶이 뭔가 더 멋져 보인다는 사실을. 몇 억도 아무것도 아닌 것처럼 배팅하는 그런 모습을(나는 그렇게 못하니까) 언젠가는 해보고 싶은 마음이 든다는 것도.

매일매일 반복되는 일상이 지겹고 별반 달라질 것도 없어서 '한 방'의 유혹에 쉽게 넘어가는 것이 우리 인간이다. 하지만 이 한 방은 양날의 칼이어서 그야말로 한 방에 '훅' 우리 인생이 날아갈 수 있음도 명심해야 할 것이다.

"Easy come, easy go."
"Really?"
"100% real!"

타짜-신의 손 (2014)

감독 : 강형철

출연 : 최승현, 신세경, 곽도원, 이하늬 등

〈타짜〉의 속편이다. 삼촌 고니를 닮아 사고 치고 서울 강남에 입성해 타짜의 길을 걷게 된 대길. 고니의 파트너였던 광렬의 가르침을 받으며 이곳저곳 도박판을 전전하지만….

〈타짜〉 전편에서도 확인했듯이 도박판에서 영원한 승자는 존재하지 않는다. 그러니 헛된 '한 방'의 꿈일랑 애당초 꾸지 않는 게 상책이다.

카운슬러 (2013)

감독 : 리들리 스콧

출연 : 마이클 패스팬더, 카메론 디아즈, 브래드 피트 등

그는 아무것도 부러울 것 없는 삶을 살고 있었다. 보통 사람들의 눈에는 말이다. 하지만 상류사회의 겁없는 지출 규모에 발맞추다 쪼들리게 된 변호사의 선택은 불행히도 마약밀매였다. 어두운 지하세계는 단 한 번의 타락도 놓치지 않고 그를 수렁으로 이끈다. 돈에 있어서의 꺼림칙한 선택은 결국 감당 못할 결말로 이를 수 있음을 보여준다.

지골로 인 뉴욕 (2013)

감독 : 존 터투로

출연 : 존 터투로, 우디 앨런, 바네사 파라디, 샤론 스톤 등

갑자기 재정난에 직면한 남자, 지인의 권유로 마사지사를 가장한 섹스 파트너로 돈벌이에 나선다. '직업이니까…' 라는 생각으로 일을 했으나 결국 손님으로 온 여성과 사랑에 빠진 그. 세상에는 돈벌이로만 끝나기 어려운 것들이 존재한다. 물질의 영역에 있는 돈벌이가 감정의 영역으로 옮겨질 때 우리는 이것으로 생계를 이어가는 것이 옳은 일인지 스스로에게 반문하게 된다.

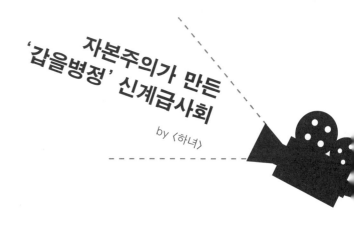

자본주의가 만든
'갑을병정' 신계급사회

by 〈하녀〉

2000년대 들어와서 우리에게 가장 친숙해진 단어는 '갑질'이 아닐까 싶다. 갑질 교수, 갑질 손님, 갑질 모녀, 채용 갑질, 갑의 횡포 등 눈 뜨고 나면 우리는 새로운 갑질 논란을 발견한다.

계약서상에 등장하는 갑과 을은 대부분 돈을 내는 갑과 그에 상응하는 뭔가(용역이나 제품 등)를 제공하는 을을 지칭한다. 때에 따라서는 갑을병정, 총 네 명의 등장인물이 나오기도 한다. 갑이 돈을 내고 을이 맡은 일을 병에게 아웃소싱하고 이 병마저도 또 다른 노동자에게 돈을 주고 일을 시키는 경우, 여기 억울함의 끝판왕 '정'이 비로소 등장하는 것이다.

갑을병정은 단순한 계약관계 상의 규정일 뿐이지만 그들의 관계가 그렇게 쿨한 파트너십이라고 얘기하는 사람은 아무도 없다.

갑이 말하고 을이 듣고 병이 전달하고 정이 일하고 욕먹는다

"걘 태어나면서부터 원하는 건 다 가진 거야. 보고 원한다 싶으면 아무 망설임도, 아무 거리낌도 없이 가질 거야. 그게 뭐든. 그 집 남자들 다 그렇지."

장모의 입에서 이런 객관적인 평가를 받는 집주인 남자 '훈'은 갑 중의 갑, 수퍼 '갑'이다. 도대체 어느 정도 돈이 많아야 저런 삶을 살까? 10대 재벌인가? 100대 재벌이어도 가능한 일인가? 지극히 평범한 나는 그 경제적인 스케일이 잘 가늠되지 않는다.

"야, 잘난 남편 바람 피우는 거 감수해야 하는 거 아닐까?"

그 장모가 이렇게 냉소적으로 쏘아붙이는 수퍼 갑의 부인인 '해라'(그리스 신화의 그 성깔 괄괄하고 남편의 오입은 죽어도 못 참는 '헤라'와 성향이 비슷하다.)는 얄짤없이 '을'이다. 부부가 평등하다고 배웠으나 원통하게도 가진 게 훈에 못 미쳐 그의 오입질에도 '키스 시 훈의 혀 깨물기 1회'로 분을 삭여야 하는 억울한 을.

"아침에 눈을 콱 뜨면, 오늘 할 일이 쭈욱 떠오르면서 신경질이 확 돈지. 그치만 뭐 어쩌겠어. 숨 한 번 크게 들이쉬고 냉정한 돌로 변신하는 거야."

공감되는 이 말을 내뱉는 이는 이 집의 수석 하녀 '병식', 즉 '병'의 처지다. 수십 년을 하녀로 지내면서 아들을 검사로 키워낸 장한 어머니이기도 하다. 흔히 말하는 돈지랄을 숱하게 봐서 입에서 단내가 날 정도지만 그녀는 그 단내를 뱉어내는 대신 냉정한 돌로 변신하는 쪽을 택한다. 그리스 신화에서는 등장인물이 돌로 변하면 그걸로 끝이지만 병식은 해가 뜨면 돌이 되었다가 해가 지면 피가 돌고 욕지거리를 내뱉는 평범한 사람으로 돌아오는 것이 다르다.

그리고 수석 하녀 밑에 신입 하녀 '은이'가 들어온다. 갑을관계의 종결자, '정'의 신분이다.

같은 지붕 아래 갑을병정의 동거가 시작된다. 갑은 시종일관 여유 있고 '을병정'과 일정한 거리를 유지한다. 그들의 일에 깊게 관여하지 않는다. 을은 병에게 대부분의 일을 지시한다. 을이 정의 영역까지 내려오는 일 또한 그다지 많지 않다. 병은 눈치 빠르게 갑과 을의 심리를 읽어내며 처신하고 정에게 일을 지시한다. 그리고 정은 그런 병을 보며 일을 해낸다.

그런데 이거, 부자집에서만 일어나는 일이 아닌 것 같은데?

정신 승리에 이르는 공식, 돈의 가치＝노동의 가치

> "아더메치한 짓이야. 이게.
> 아니꼽고 더럽고 메스껍고 치사한 짓이라구."

수석하녀 병식의 한탄. 아더메치. 아니꼽고 더럽고 메스껍고 치사한 짓. 그렇다. 어떻게 보면 자기 삶의 주인이 아닌 인생을 사는, 그래서 끊임없이 누군가의 눈치를 보며 휘둘리고 스트레스를 받는 사람 모두가 아더메치한 일을 하고 있는 것이다.

난 그래도 하녀는 아니야. 저 정도는 아니지. 대행사나 대기업의 협력업체에 다니는 것도 아니고 계약할 때 항상 '갑'의 위치에 있다고 자위하는 분이 있다면 예를 들어주겠다.

오너인 사장이 말도 안 되는 일을 지시했다. 그런데 더 열 받는 건 윗사람인 상사가 그 얼토당토않은 지시를 듣고 반론은커녕 토씨 하나 안 틀리고 그대로 전달하는 '메신저' 역할을 하는 것이다. 그리고 나는 그것이 말도 안 되는 일이라는 것을 알면서도 속으로만 육두문자를 날릴 뿐 묵묵히 그 일을 처리한다. 물론 배포가 좀 있는 사람이라면 상사에게 볼멘소리를 한다거나 "그건 아니지 않습니까?!"와 같은 나름 반기를 들기도 한다. 하지만 그런 소심한 반론은 대세에 영향을 주지 못한 채 일은 진행된다. 슬프게도 이런 일은 잘 하면 본전, 못 하면 욕이 한 바가지다.

그렇다고 슬퍼만 하고 있을 수는 없다. '갑질 논란'이 수면 위로 올라오고 돈을 앞세워 부당하게 타인을 압박하는 일을 질타하는 분위기가 형성된다는 것은 조금 다른 시각에서 보자면 우리 사회가 좋아지고 있다는 반증이다. 해묵은 주종관계, 갑을관계의 나쁜 면을 자정하려는 노력으로 봐도 좋다.

돈이 맨 윗자리를 차지한 것 같은 자본주의에서는 돈을 가진 사람이 제일이라는 생각을 하기 쉽다. 하지만 한 번 생각해보자.

> 돈을 받는 대신, 나는 열심히 일을 한다.
> 돈을 받는 대신, 시간을 들여서 고민을 하고 밤을 하얗게 지새우며 아이디어를 짜내고 제안서를 작성한다.
> 돈을 받는 대신, 내가 가진 기술을 발휘해서 구들을 놓고 대들보를 세우며 벽돌을 쌓는다.

돈과 나의 노력, 나의 기술, 나의 노동이 등가等價의 가치를 발휘하는 것이다. 그야말로 쿨한 관계가 아닐 수 없다.

그런데도 돈을 주는 사람이 윽박지르고 돈을 깎으려 들고 심지어 돈을 안

준다고 으름장을 놓을 때, 우리는 한없이 작아지고 죄인된 심정에 놓이게 된다. 특히 정신노동은 눈에 보이지 않는다는 이유로 홀대를 받는 경우가 더 빈번하다. 기획이라거나 아이디어라거나 이런 것에 대한 노동 비용을 우리 사회는 아직도 아까워하지 않는가.

"너 근데 아까 뺨따구 맞을 때 그냥 가만히 있으면 어떡해? 응? 아후, 진짜 속상해서."

은이가 해라에게 꼼짝없이 당했을 때, (물론 주인집 남자와 지은 죄가 있어서 대들지 못한 것도 있지만…) 골방에 올라온 병식이 은이를 보며 내뱉은 한탄이다. 상황은 다르지만 우리는 돈을 가진 갑에게 부당하게 시달렸을 때 집에 돌아와서 스스로에게 한탄하곤 한다.

"왜 좀 더 당당하게 맞서지 못했을까?"

잊지 말자. 돈과 나의 육체노동과 정신노동은 10원의 차이도 없는 등가라는 것을. 정당한 거래라는 사실을. 그것을 망각하고 돈의 하녀로 들어가는 순간, 비극적인 하녀의 삶을 살게 되는 것이다. 돈을 가진 이들의 눈치를 보며 한평생 그들 앞에서 머리를 조아리고 전전긍긍하는 불편한 노예의 삶을.

주인이 죽으라면 죽는 시늉이라도 해야 하고 나가라면 갈 데가 없어도 나가야 하는 서글픈 삶의 주인공이 되고 싶은가? 아닐 것이다. 그러므로 우리는 자신이 하는 일의 가치를 스스로 부여하고 그 가치를 높이기 위해 노력해야 한다. 나의 일을 밥벌이의 고단함으로 보기 시작하면 매일 아침 눈을 떴을 때 확 그냥 죽어버리고 싶은 병식의 마음에서 벗어날 수 없다.

나의 일에 순금 99.9퍼센트의 빛을 입히는 작업을 시작해보자. 지루한 밥벌이가 아니라 실패와 성공을 거듭하면서 성장하고 뭔가를 이루어나가는 하루하루가 모인다면, 그래서 내가 주인인 일을 해나간다면 나는 그 누구의 앞에서도 당당하고 떳떳하게 나의 얘기를 할 수 있을 것이다.

하녀 (1960)

감독 : 김기영

출연 : 김진규, 이은심, 엄앵란, 안성기 등

故 김기영 감독의 오리지널 〈하녀〉는 당시의 시대상을 그대로 반영하고 있으므로 반 세기의 시간차를 비교해서 보는 재미가 쏠쏠하다. 돈과 사랑, 계급 등을 바라보는 사회적 시선의 차이도 직접 확인해볼 수 있다. 당대 최고 미녀 엄앵란과 아역배우 안성기의 모습을 보는 것도 흥미롭다.

돈의 맛 (2012)

감독 : 임상수

출연 : 김강우, 윤여정, 백윤식, 김효진 등

하녀를 만들고 미진한 부분이 있어서 그 후의 이야기를 만든 거라고 감독이 밝힌 영화다. 김효진이 맡은 윤나미 역이 〈하녀〉의 어린 소녀 나미가 자란 캐릭터다. 어둡고 잘 짜여진 미장센 안에서 돈에 맛 들린 이들이 어떻게 사는지 통렬히 보여준다.

아부의 왕 (2012)

감독 : 정승구

출연 : 송새벽, 성동일, 김성령, 이병준 등

고단한 '을병정'의 생활을 웃음과 해학으로 버무린 코미디 영화. 문득 세상이 씁쓸하다 느껴질 때 기분전환용으로 볼 만하다. 송새벽과 성동일의 연기 콤비가 환상이다. 특히 성동일의 혀고수 연기가 발군인데 그의 아부 체조는 스트레스 상황에서 매우 유용할 듯.

세 번째 이야기 ··· HYPOCRISY

내 속엔
내가 너무도 많아

고개만 돌리면 타인의 시선이

나를 보고 있음을 느끼는 좁은 대한민국.

그래서 겉 다르고 속 다른 위선자들이 넘쳐난다.

속내야 어떻든 최고급 럭셔리 포장지로 포장하기 급급하다.

하지만 마음 한구석에는 남의 시선과 평가로부터 자유롭고 싶고,

온갖 종류의 가면을 쓴 가짜들이 판치는 세상에서

진정한 나를 찾고 싶은 진심이 존재한다.

이제 가면을 벗고 가면무도회의 막을 내릴 시간,

당신은 준비가 되었는가.

::: 함께 이야기 나눌 영화 :::

〈부당거래〉〈오늘〉〈사물의 비밀〉〈화차〉

Hipocrisy

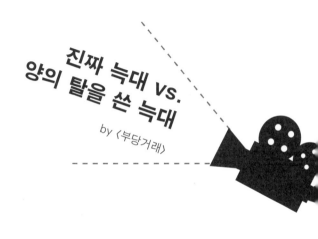

진짜 늑대 vs.
양의 탈을 쓴 늑대

by 〈부당거래〉

내가 아는 한 분은 평생을 교육자로 주변의 존경을 한 몸에 받고 사신 분이다. 부와 명예와는 거리가 멀었지만 자식들 모두 남부럽지 않게 키워내셨으니 심신의 건강만 보장된다면 편안한 노후는 따놓은 당상이셨다. 그러나 그 바람이 무너지는 데는 그리 오랜 시간이 걸리지 않았다.

퇴임 후 그 분은 그동안 숨겨왔던 남다른 실력을 발휘하기 시작하셨다. 남의 귀를 혹사시키는 재주 말이다. 만나서 헤어질 때까지 격렬한 입 운동을 멈추지 않으셨다. 처음에는 퇴임 후 지루한 일상이 스트레스가 되신 것 같아 안타까운 마음이 들었지만 곧 직업병과 인간본성의 합작품이라는 걸 깨달았다. 차분한 어조로 "인생을 살아보니 말입니다~"로 시작하는 대체로 교훈적이고 계몽적이기까지 한 이 이야기들은 교양 넘치는 수사적 표현에도 불구하고 결국 천 냥 빚을 지는 말실수로 이어지곤 했던 것이다.

명백한 위선이다. 겉으로 보이는 그 분의 품격은 표리부동으로 퇴색했고 더 이상 그분의 말에는 무게가 실리지 않았다.

위선. 위선偽善의 僞는 人인과 爲위 가 합쳐진 '거짓 위'라는 글자다. 즉 '사람이 무언가를 일부러 하다爲'가 바로 거짓의 의미가 된다. 원래는 예쁘지 않은데 예쁘게 보이려는 것, 똑똑하지 않은데 똑똑하게 보이려는 것이 僞라는 말이다. 뭐가 됐든 '척하는 것'이 바로 僞. 그래서 위선이란 '선하지 않은데 선한 척을 한다'는 말이며 속은 늑대, 겉은 양과 같은, 즉 양의 탈을 쓴 늑대의 모습을 일컬어 위선자라 하는 것이다.

서민인 적이 없는 자가 서민정치를 말하고, 탈법과 불법을 일삼는 자가 법을 다루는 우리의 현실은 위선자들의 세상이다. 양의 탈을 쓴 늑대가 하도 많아서 진짜 양을 봐도 공포를 느끼고, 늑대인 줄 모르고 다가갔다 잡아먹히기 십상이다. 진짜 늑대가 더 나쁜 것인지, 양의 탈을 쓴 늑대가 더 나쁜 것인지 구분조차 하기 어려운 요지경. 현실 세상이나 영화 속 세상이나 다를 바 없다.

누가 더 나쁜가를 가리는 것은 더 이상 무의미하다

경찰청이 발칵 뒤집혔다. 초등여학생 성폭행 연쇄살인사건으로 전국이 떠들썩한 가운데 체포 과정에서 유력한 용의자가 경찰이 쏜 총에 죽어버렸다. 경찰청을 향한 청와대의 눈초리가 매서워진 것은 당연지사. 어떻게든 사건을 조기수습하고 청와대의 불편해진 심기를 달래야 한다. 경찰청장과 강 국장이 머리를 맞대고 앉았다.

강 국장의 대안은 최철기 반장에게 멍석을 깔아주자는 것. 경대(경찰대학)

출신이 아님에도 실적이 좋은 철기야말로 일이 잘못됐을 때 가지치기하기 딱 좋은 인물이라는 것이다. 그래서 뒤로는 이미 그의 약점을 잡고 앞에서는 떡 하나 더 주는 척을 한다.

"이번 일만 잘 처리하면 그 동안 없던 줄이고 빽이고 한 번에 생기는 거야. 경찰대학 나와서 백날 줄 잡아봐라. 경찰대학 그거 결국은 줄기거든. 근데 이건 뿌리랑 프락치되는 거야. 다이렉트로."

경대 출신에 밀려 진급을 놓친 것도 수차례. 철기는 강 국장의 제안이 마지막 기회라 생각하고 이 잡듯 용의자를 가려내기 시작한다. 그러나 촉박한 시간에 깔끔한 마무리를 선보이려면 정석으로 수사해선 답이 안 나온다. 그래서 호출한 구원투수가 바로 해동건설 대표 장석구.

가슴팍의 화려한 문신으로 왕년에 칼 좀 써봤음을 자랑하는 석구는 태경그룹 김 회장과 빌딩입찰건으로 경쟁하다 철기가 김 회장을 치는 바람에 어부지리로 덕을 본 장본인이다. 그래서 철기의 뒤치다꺼리 제안을 함부로 거절하기 어려운 입장. 이 둘의 짜놓은 그물에 캐스팅된 인물은 진범으로 뒤집어씌우기에 손색이 없는, 강·절도에 아동성추행 전과2범의 금치산자 이동석이다. 석구가 쥐어준 통장을 받은 이동석이 바로 검거되자 철기는 국민영웅으로 등극하고 경찰청은 드디어 청와대의 윙크를 받게 된다.

문제가 여기서 정리되면 얼마나 좋을까 만은 인생이 어디 그리 만만하던가. 철기 뒤에 예상치 못한 복병이 숨어 있었으니 바로 우리 주양 검사님이 그 당사자다. 말로만 듣던 스폰서검사인 양의 스폰서는 다름 아닌 태경그룹 김 회장. 떡값의 대가는 석구의 해동빌딩을 다시 김 회장 손에 쥐어주는 것. 그러나 국민영웅이 된 철기를 엮는다는 것이 어디 쉬운 일이겠는가. 양은 은근슬쩍 자신을 옥죄는 김 회장에게 특유의 '구렁이 담 넘기', '웃으며 협

박하기' 재주로 당근과 채찍을 번갈아 사용하다가 석구가 김 회장을 살해하기 위해 파놓은 덫에 걸리고 만다. 그러나 무너진 하늘에 솟아난 구멍 하나가 떡하니 양에게 보였으니 철기와 석구의 합작품인 이동석의 정체를 눈치챈 것. 그 즉시 양은 정면 돌파한다.

"나랑 자꾸 라이벌 관계를 가지려고 하지 마- 내가 겁이 많아서 검사가 된 사람이야."

철기는 절망한다. 다 왔는데… 고지가 바로 코앞인데… 그동안 악으로 깡으로 버틴 세월을 뒤로한 채 철기는 한 치의 망설임 없이 양에게 무릎을 꿇는다. 무릎을 꿇는 정도가 아니라 팬티만 입고 석고대죄를 해 보인다.

하늘은 스스로 돕는 자를 돕는다 했지만 철기에게 이 진리는 해당사항 무無. 스스로 돕는 방법이 잘못된 탓일까. 도우려는 대상이 오로지 자기 자신이었기 때문일까. 어쨌든 철기의 추락은 동고동락해온 팀원들을 배신하고 일신의 안위와 출세에 눈이 멀어 자충수를 둔 결과일 뿐이다. 물론 표면적으로는 검사에게 밟힌 경찰의 모습이지만.

양 역시 스폰서검사라는 사실이 알려지면서 세간의 눈총을 받지만 그의 추락은 철기와 달리 날개가 있었다. 돈과 권력을 가진 장인어른과 뇌물을 충분히 먹여 양의 입맛대로 펜질해주는 김 기자가 양 날개가 되어 그를 지지해준 덕분이다.

"우리… 잘하고 있는 거 맞죠?"

호형호제하던 철기의 후배 대호가 뭔가 꺼림칙한 분위기를 감지하고 철기에게 묻는다.

"지금 이 마당에 잘하고 못하고가 중요하냐? 잘하고 있다고 믿는 게 중요하지."

철기는 정말 그렇게 믿고 싶었을 것이다. 잘못하고 있다는 확신이 커질수록 잘하고 있다는 자기최면은 더욱 강해지는 법. 누구든 잘되면 내 덕, 안되면 네 탓을 하기 마련이니까.

완전히 타락해야 구원된다

"니네같이 법 안 지키는 새끼들이 더 잘 먹고 잘 살아."

"당연한 거 아닙니까? 우린 목숨 걸고 하잖아요. 무조건 잘해야지 죽지 않으려면."

철기와 석구의 대화다. 세상말세다 싶은 허무감이 밀려드는 데도 석구의 말에 이상하게 설득이 되는 이 더러운 기분.

철기와 석구, 그리고 양. 이 셋 중 가장 나쁜 사람은 누구일까? 이를 구분하는 것 자체가 사실 우스운 일이다. 그러나 오십보백보, 도긴개긴이어도 우리는 그 구분을 해야 한다. 엄밀히 말해 오십보와 백보는 어마어마한 차이 아닌가. 무려 두 배다. 걸음 폭이란 변수를 제외해도 말이다. 한 칸인 '도'와 두 칸인 '개'가 같을 수는 없다.

위 세 사람의 차이는 악과 선 사이에 얼마나 다양한 형태의 인간상이 있는지 살펴보는 중요한 지표가 된다. 철기는 감춰진 위선이 조금씩 수면 위로 올라오다 결국 악의 구렁텅이에 빠졌다. 석구는 극의 흐름상 일관되게 악인으로 그려졌지만 그의 악은 본질 그대로의 악이라기보다 위악僞惡에 가깝다. 양은 위선과 악의 경계에 모호하게 걸쳐 있으면서 양쪽을 바삐 오간다. 가위可謂 카멜레온 같은 처세의 달인이다. 약점이 드러났을 때는 잔뜩 움츠린 고양이자세를 취하다가도 공격할 때가 되면 언제든 맹수의 본능을 과감히 드러낸다. 동물의 왕국에서 보는 것과 똑같다.

조폭 석구는 경찰 철기에 의해, 철기는 검사 양에 의해 제대로 밟혔다. 먹이사슬의 관계. 그래서 아래로 내려갈수록 악에 더 가까울 것이라 생각하지만 그렇지가 않다. 오히려 그 반대다. 위로 올라갈수록 악의 강도는 강해진다. '폭력'이라는 조악한 힘이 아닌 '법과 정의'라는 세련된 권력을 이용해 위선을 행하기 때문이다.

"내 얘기 똑바로 들어! 호의가 계속되면 그게 권리인 줄 알아요."

경찰에게 함부로 하지 말라는 사무관에게 충고랍시고 하는 양의 말은 법과 정의의 실체가 무엇인지 정확히 보여준다. '만인은 법 앞에 평등'한 게 아니라 누군가의 '가이드라인'에 법이 끼워 맞춰질 뿐이다. 이동석 사건처럼. 그래서 위선은 악과 형제지간이다. 아니 그냥 악이다. 아니 악보다 더 나쁘다.

반면 조악한 힘이라 하더라도 강한 자에게 약하게 보이고 싶지 않은 석구 같은 약자들은 이러한 위선에 맞서기 위해 부러 위악을 일삼는다. 험상궂은 표정과 거친 말투, 온몸을 뒤덮은 문신, 흉기소지 등은 위악을 위한 포장의 도구들이다. 정공법이 아닌 배신과 모사, 권모술수가 능력으로 인정받는 시대라면 석구의 말마따나 "목숨 내놓고 한다.", "죽지 않으려면 잘해야 한다."는 말이 진심일 수밖에 없다. 그래서 낮은 곳에 있을수록 위악은 생존을 위해 택하는 불가피한 요소가 된다. 위악을 옹호하는 것이 아니다. 그러나 적어도 동정은 한다. 위악은 위선이 있기에 존재하는 그림자니까.

물론 최선은 선을 찾는 것이다. 보다 정확하게는 선을 회복하는 것이다.

하지만 절망스럽게도 이 시대에 선의 회복을 기대하는 것은 무리한 욕심이 아닐까 싶다. 독일계 유대인 철학자 한나 아렌트Hannah Arendt가 말한 '악의 평범성Banality of evil'은 홀로코스트를 자행한 제국주의 시대에서만 볼 수 있는 특이현상이 아니다. 지금 시대에도 똑같이 적용되고 있다. 청문회장의 단골소재인 군 면제, 탈세, 위장전입, 투기, 청탁 등의 문제는 윗분들 전용이 아니라 우리도 다 하는 짓들이다. 이런 도덕불감증의 시대에 적폐를 발본拔本하기란 대단히 어려운 일. 법을 지키는 사람이 오히려 바보취급 당하니 후안무치가 성할 수밖에.

그럼에도 '선의 회복을 위해 우리는 부끄러움을 가져야 한다!'는 주장으로 이 글을 안이하게 마칠 생각은 없다. '그래서 그들은 행복하게 잘 살았답니다.'로 끝나는 동화의 결말처럼 공허한 메아리가 또 있을까. 오히려 완벽하게 상반된 주장을 하려 한다. 전후 일본 문학의 거장인 사카구치 안고Sakaguchi Ango의 대표작《타락론》의 구절대로 말이다.

전쟁은 끝났다. 특공대의 용사는 벌써 암거래꾼이 되었고, 미망인도 이미 새로운 연인의 얼굴 때문에 가슴이 부풀었지 않은가. 인간은 변하지 않는다. 단지 인간으로 돌아온 것이다. 인간은 타락한다. 의사도 성녀도 타락한다. 그것을 막을 수도 없거니와 그럼으로써 인간을 구원할 수도 없다. 인간은 살고, 인간은 타락한다. 살거라, 타락하여라. 그 정당한 권리와 진실 이외에 인간을 구할 편리한 지름길은 존재하지 않는다. (중략)

전쟁에 졌기 때문에 타락하는 것이 아니다. 인간이기에 타락하는 것이며 살아 있기에 타락할 뿐이다. 그렇지만 영원히 타락하지는 못하리라. 왜냐하면 인간의 마음은 고난을 강철처럼 견디지 못하기 때문이다. 인간은 가녀리고 위약하다. 그 때문에 어리석은 존재지만 완전히 타락하기에도 너무 약하다. 사람은 올바르게, 타락해야 할 길을 온전히 타락함으로써 자기 자신을 발견하고 구원하지 않으면 안된다.

- 사카구치 안고《타락론》중에서

'완전히 타락해야 구원된다'는 역설力說이 역설逆說같지만 그래도 결국 인간이 스스로를 자정할 것이라는 작가의 믿음은 단순한 기대가 아니다. 대제국 로마의 쇠망과 조선의 끝은 지도층 일부가 아닌 사회 전체의 타락에 기인했다. 개혁은 혁명보다 더 어렵다고 한다. 고름이 남은 상태에서는 새 살이 올라올 수가 없다.

고지가 보이는 듯도 하다. 썩을 대로 썩은 작금의 상황에서도 곪은 상처가 어서 터지기를 희망하는 것은 그래도 우리의 마음에 '구원'을 향한 갈망이 남아 있어서일 게다. 극악만이 선을 회복시킬 수 있다는 사실이 때로는 절망스럽지만 어쩔 수 없다. 우리가 해야 할 유일한 일은 안고의 충고대로 '살고 타락하는 길'뿐이다!

모범시민 (2009)
감독 : F. 게리 그레이
출연 : 제라드 버틀러, 제이미 폭스 등

위선과 악에 맞서는 한 남자의 처절한 분투. 악은 악으로 맞서는 게 가능하지만 위선은 깨기가 더 힘들다는 교훈이 뼈아프게 느껴진다. 미리 밝혀두지만 뒷맛이 제대로 쓰니 사탕 하나 물고 보시길.

브이 포 벤데타 (2005)
감독 : 제임스 맥티그
출연 : 나탈리 포트만, 휴고 위빙 등

실존인물 가이 포크스를 모델로 한 작품으로 《England Prevails: V for Vendetta and the New Wave in Comics》라는 만화가 원작이다. 독재에 저항하고 정의에 다가가는 과정을 철학적으로 풀어냈다. 당신의 가슴에 영원히 새겨질 마지막 장면을 마음껏 기대해도 좋다.

범죄와의 전쟁 : 나쁜 놈들 전성시대 (2011)
감독 : 윤종빈
출연 : 최민식, 하정우, 조진웅, 곽도원 등

남자들의 세계를 주로 담는 윤종빈 감독이 메가폰을 잡았다. 머리 쓰는 나쁜 놈, 몸 쓰는 나쁜 놈, 이도 저도 아닌 그냥 나쁜 놈들이 서로 우열을 가리겠다고 악쓰는 모습이 제대로 코미디다. 그나마 영화 속 현실이 진짜 현실보다는 나쁜 것 같으니 작은 위로라도 삼으시길.

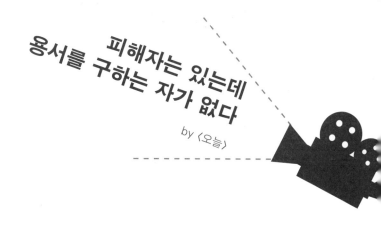

피해자는 있는데
용서를 구하는 자가 없다

by 〈오늘〉

누군가 나에게 사랑과 용서 중 어느 것이 더 어렵냐고 묻는다면 주저없이 '용서'라고 답할 것이다. 용서가 어려운 이유는 그 사람이 나에게 한 잘못이 너무 커서 도저히 사전적 의미 그대로 '지은 죄나 잘못한 일에 대하여 꾸짖거나 벌하지 아니하고 덮어 줌'을 할 수 없기 때문만은 아니다. 물론 그런 경우도 힘들기는 하다.

하지만 잘못이 크지 않고 상대방이 손이 발이 되도록 비는데도 도저히 용서가 안 되어 환장하는 경우도 있다. 진심을 담아서 용서를 비는데 용서가 안 되면 내가 이렇게 속 좁은 인간이었나 싶기도 하다. 이젠 좀 덮어두고 영화나 드라마에 나오는 사람들처럼 너그럽게 용서하고 싶지만 막상 그 인간의 상판을 보면 고개가 절레절레. 같이 마주하고 있는 것조차 힘들어 몸이 부르르 떨린다. 분노가 마음속 깊은 곳으로부터 치밀어 오른다. 화로 온 몸이 뜨겁게 달궈진다. 상대가 아무리 용서받을 자세가 되어 있어도 내가 아직 '용서'할 준비가 안 된 것이다.

용서의 주체는 누구인가

다혜와 상우는 선남선녀 커플. 오랫동안 사귀어서인지 여유가 넘친다. 서로에 대한 믿음과 그 믿음이 만들어낸 여유가 충만해 보였다. 그런데 다혜의 생일에 상우가 오토바이 뺑소니 사고로 세상을 떠나고 만다.

자, 당신이라면 그 가해자를 용서할 수 있을까? 용서하기 힘들 것이다. 뺑소니만 치지 않았어도, 상우를 바로 병원으로 데리고만 갔어도… 이런 생각이 뇌리를 떠나지 않을 것이다. 그리고 그런 생각은 분명 가해자에 대한 원망과 분노로 이어지기 마련이다.

하지만 다혜는 용서한다. 되레 주변에서 그런 그녀를 의아해 할 정도로 너무 허망하게 용서해버린다. 법원에 가해자를 용서해달라는 탄원서까지 써준다. 이런 용서를 하늘나라에 있는 상우도 원할 거라면서.

그녀의 기행(?)은 거기서 멈추지 않는다. 멀쩡히 다니던 방송국을 그만두고 성당에서 의뢰한 다큐멘터리 제작을 맡는다. '용서'라는 주제로 사건의 피해자들을 찾아다니는 것이다. "네가 뭘 알아? 네가 이런 일 당해봤어? 아무것도 모르면서 '용서'라는 말이 나와?"라는 피해자들의 질문과 질타에도 다혜는 당당히 대답할 준비가 되어 있다. 피붙이처럼 사랑했던 님을 잃고 그 가해자를 용서해준 사람이니까.

용서 앞에 그 누구보다 당당한 다혜지만 그녀의 용서에는 조건이 있다. 가해자가 지은 죄를 뉘우치고 다시는 그런 죄를 짓지 않으며 갱생의 길을 걷기를 바란 것. 하지만 다큐멘터리를 제작하며 피해자들을 인터뷰할수록 다혜는 자신의 바람이 헛된 것이 아니었나 싶은 의심이 들기 시작한다.

> "그 놈이 미안하다고 용서해달라고 펑펑 울면 지도 이 맺힌 속이
> 좀 풀릴 것 같은데… 하이고 우째 세상 법이 요상하게도 벌도 남
> 들이 주고 용서도 남들이 주고 그러더라니까."

그렇다. 요즘 우리가 용서하기 어려운 이유는 가해자가 지은 죄가 어마어
마하게 나빠서라기보다는 가해자가 진심으로 용서를 빌지 않기 때문이다.
영화 〈밀양〉에도 이와 비슷한 피맺힌 절규가 나온다. 남편 잃고 힘들게 찾
아온 그의 고향 밀양에서 새 삶을 시작한 신애는 아들마저 인질범에게 빼앗
겨 버린다. 분노와 증오로 신애의 영혼이 바짝 타버리고 없어질 즈음, 이웃
의 권유로 교회를 나가게 되고 주님의 사랑으로 지옥과 같았던 일상이 구원
되는 체험을 하게 된다. 그리고 그 구원의 기쁨을 나누고자 아들을 죽인 범
인에게 면회를 신청한다.

"오늘 여기 찾아온 건요, 하나님의 은혜와 사랑을 전해주러 왔어요."

"눈물로 회개하고 용서 받았습니다. 그라고 나서부터 마음이 편안해졌
습니다… 하나님한테 회개하고 용서받으니 이렇게 편합니다. 내 마음이."

신애는 순간 뒤통수를 얻어맞은 것 같다. 찬물도 위아래가 있지 아이 엄
마인 내가 용서하기도 전에 하나님이 독단적으로 저 인간을 용서해? 이게
말이 되나?

지금 신애에게 천인공노할 일은 가해자가 자신의 아들을 죽인 것보다 신
이 나의 용서할 권리를 빼앗은 것이다.

용서의 단계

2014년 4월 16일, 영화 〈오늘〉이나 〈밀양〉보다 더 영화 같은 사건이 대한 민국에서 일어났다. 476명의 승객을 태운 세월호가 침몰하여 295명의 사상 자를 낸 것. 가만히 있으라는 어른들의 말을 들은 꽃다운 고교생 희생자가 많아서 더욱 가슴을 아프게 한 대참사다. 그 가족들의 상처는 분명 죽을 때 까지 욱씬거릴 것이다. 배에서 살아나온 이도 괜찮지 않다. 세월호 의인으로 추대된 사람이 자살시도까지 했다는 사실은 세월호 사건이 아직 끝나지 않 았음을 다시 한 번 우리에게 일깨워주고 있다.

그런데 말이다. 슬퍼하고 힘들어하고 망연자실하고 어찌할 줄 모르는 피 해자들의 모습은 정말 숱하게 많이 봤는데 나는 가해자가, 그 참사의 원인 을 제공한 사람들이 머리를 조아리며 진심으로 사과하는 모습을 본 기억이 없다. 선장은 그게 최선의 방법이었다고 항변했고 세모그룹 회장은 변사체 로 발견되었다. 천인공노할 일은 영화 속이 아니라 지금, 우리 옆에서 태연 히 일어나고 있다.

저명한 사상가 엘리자베스 퀴블러 로스Elizabeth Kubler Ross 는 사람이 죽음 을 받아들이는 데는 단계가 있음을 설파했다.

1단계 : 부정(아닐거야…)

2단계 : 분노(왜 다른 사람도 아닌 내가 죽어야 하지?)

3단계 : 타협(살려만 주시면 뭐든지 할게요)

4단계 : 우울(죽음을 직시하면서 오는 심리적 상실감)

5단계 : 수용(죽음을 피할 수 없음을 비로소 받아들임)

나는 '용서'에도 그런 단계가 분명히 있고 필요하다고 생각한다. 누군가 나에게 잘못을 한다. 그럼 난 일단 화가 난다.

"어떻게 저런 행동을 할 수가 있지?"

죽을 때까지 인연을 끊고 싶을 수도 있고 죽이고 싶을 수도 있다. 그를 분명 미워하게 될 것이다. 왜? 내게 잘못을 했으니까. 너무나 당연한 반응이다. 그러나 상대에게 마음껏 화를 내고 증오하고 분풀이를 했다면 아마 그 이후에는 상대의 말에 귀를 기울일 수도 있지 않을까? 왜 그런 행동을 했는지 약간의 이해가 될 수도 있을 것이다. 그리고 더 나아가 운이 좋다면 상대가 진심으로 잘못을 참회하고 용서를 구하는 행운을 잡을 수도 있을 것이다. 죽음의 단계처럼 도식화한다면 다음과 같은 전개가 된다.

1단계 : 대면(가해자와 피해자가 만나서 가해자가 왜 그런 행동을 했는지 이야기를 들어본다.)

2단계 : 화(가해자에게 마음껏 화내고 마음껏 미워해라. 이 단계에서 가장 중요한 점은 앙금이 남아서는 안 된다는 점이다.)

3단계 : 이해(왜 그런 행동을 했고 잘못을 저질렀는지 생각해본다. 최대한 피해자의 입장이 아닌 가해자의 상황에서 생각해본다.)

4단계 : 용서(비로소 나에게 잘못을 저지른 사람을 포용하고 허물을 덮어준다.)

죽음의 단계와 다른 점이 있다면 어떤 이의 용서는 1단계에서 멈출 수도 있고 어떤 이의 용서는 2단계에서 끝날 수도 있다는 점이다. 경우에 따라서는 이해를 죽어도 할 수 없는 죄도 있고 영화에서처럼 용서를 구하지 않는 가해자도 요즘에는 많기 때문이다.

그렇기 때문에 당사자가 아닌 이상 주변인들이 용서를 해라 마라, 위선을 강요할 권리가 없다. 까맣게 타들어가는 속도 모르면서 신의 사랑으로 용서를 하라는 둥, 네가 더 고달플 테니 이제 그만 감정을 놓으라는 둥, 그런 한가한 소리는 그 누구도 함부로 해서는 안 된다.

이런 말을 하는 이면에는 되레 불의나 잘못된 일을 바로 잡을 용기가 없고 피해자의 미움과 분노에 함께 동참할 마음이 없을 확률이 높다. 잘못된 일을 바로 잡으려면 분란과 소란이 수반되는데, 그렇게 번잡(?)스러운 일을 피하고 좋은 게 좋다는 식으로 일을 무마하려는 심리가 우리를 자꾸 '용서'라는 껍데기로 몰아넣는 것이다.

> "용서를 베풀 사람이 아니라 용서를 구해야 할 사람이 봐야 할
> 영화를 만들거에요."

이제 다혜는 새로운 다큐멘터리를 찍는다. 그녀의 다큐멘터리에는 이해할 수 없는 용서가 아니라 누가 보더라도 고개가 끄덕여지는 '용서를 구해야 할 사람의 자세'에 대한 메시지가 담겨 있을 것이다.

마주봄이 없는 용서는 결국 위선

성서에 쓰인 "원수를 내 몸같이 사랑하라."는 예수님의 말씀을 모르는 것이 아니다. 공자가 "한 마디 말로 종신토록 행할 만한 것이 있습니까."라는 자공의 물음에 "아마도 용서일 것이다."라고 말한 것도 알고 있다. 그만큼 용서는 기원전이나 지금이나 변함없이 중요하고 소중한 덕목이다.

용서라는 말을 한자로 쓰면 容恕다. 나는 이 말을 당사자가 만나서 얼굴을 맞대고 얘기한 후에 서恕, 즉 용서하는 것이라고 생각한다. 恕라는 한 글자만으로도 '용서하다'는 뜻이 있는데 굳이 얼굴 용容자가 함께 쓰인 것을 보면 용서의 첫 번째 조건이 얼굴을 마주하는 것이라는 의미를 추측할 수 있다.

그런데 이 첫 번째 조건이 오늘날 우리에게 용서를 하기 어렵게 만든다. 다혜는 가해자의 얼굴을 본 적이 없다. 아들을 용서해달라는 부모의 얼굴을 본 것뿐이다. 우리 역시 세월호 가해자가 용서를 비는 것을 본 적이 없다. 그저 미디어에서 고개를 숙인 선장의 모습을 본 것이 전부다.

법으로 처단하는 것만이 능사는 아니다. 진정으로 미안하다면, 진짜 반성이 되었다면 피해자를 찾아가 무릎을 꿇고 눈물로 사죄할 수밖에 없을 터. 그런 마음가짐이 법보다 우선되어야만 비로소 '용서'를 할 수 있는 기본 조건이 성립되지 않을까? '법에서 정한대로 따르겠다', '몇 년 복역하고 모범수로 나왔으니 나는 죄가 없어진 거다', '신에게 용서를 받았다' 등등의 뻔뻔한 마음의 뿌리는 바로 이 마주봄의 사죄가 없기 때문에 나온 것이리라.

신애가 갈갈이 찢어 죽여도 시원찮을 가해자의 얼굴을 봤을 때 무의식적으로 움찔했던 것을 기억하는가. 이처럼 가해자의 얼굴을 마주하는 것은 피해자에게도 상당한 용기를 필요로 한다. 범죄자, 극악무도한 짓을 저지른 위험한 사람이니 될 수 있으면 그와 접촉을 피하고자 하는 마음인 것이다.

하지만 진정으로 용서를 하고자 하고 싶다면, 얼굴을 마주할 용기를 내야 한다. 그렇지 않다면 영화 속 다혜처럼 용서하는 시늉만 내는 것에 지나지 않는다. 얼굴을 보지 않는 한 그가 진정으로 용서를 구하는지 어떤지 판단할 근거 자체가 없지 않은가.

당사자들이 얼굴을 마주하는 것, 진심을 다한 가해자의 사과, 화를 내든 뺨을 때리든 어떤 식으로든지 피해자 마음의 응어리를 풀어내는 과정. 이 세 가지가 있어야 비로소 용서는 성립되는 것이다. 남의 등에 떠밀려서, 용기가 없어서, 그냥 귀찮아서 한 손쉬운 용서는 결국 나의 마음을 죽을 때까지 괴롭히는 가시가 될지도 모르는 일.

자, 당신은 용서를 빌 용기가 있는가? 용서를 할 용기는 있는가?

그랜 토리노 (2008)

감독 : 클린트 이스트우드

출연 : 클린트 이스트우드, 크리스토퍼 칼리, 비방, 아니 허 등

여든이 넘은 노장 감독의 나이만큼 긴 여운이 남는 명화. 한 국전 참전의 고통으로 괴로워하며 스스로 참회도 용서도 되지 않았던 한 노인의 고지식한 마음이 서정적인 엔딩 크레딧과 음악에 고스란히 담겨 있다. 좀처럼 빠져나오기 어려운 감동을 선사할 것이다.

어거스트 : 가족의 초상 (2013)

감독 : 존 웰스

출연 : 메릴 스트립, 줄리아 로버츠, 이완 맥그리거 등

어렵게 시작한 사랑이 이복 남매지간이라는 사실을 알았다면 그 엄청난 비밀을 만들고 숨겨온 가족을 용서할 수 있을까? 비수를 꽂는 가시 돋친 말과 이해할 수도 없는 언행들로 서로에게 상처를 준 가족들은 먼 훗날이라도 서로를 용서하고 보듬을 수 있을까? 이들 가족의 초상을 통해 우리 가족의 상처를 되돌아볼 좋은 기회를 마련해보자.

복수는 나의 것 (2002)

감독 : 박찬욱

출연 : 신하균, 송강호, 배두나 등

의도가 나쁜 것은 아니었다. 하지만 운이 나빴다. 아픈 누이의 수술비 마련을 위해 유괴한 아이가 물에 빠져 죽어버렸다. 그리고 그 피의 대가를 치르기 위해서 아빠의 복수가 시작된다. 피를 뿌리는 복수는 결국 비정한 운명의 수레바퀴를 벗어날 수 없어 한없이 허망하기만 하다.

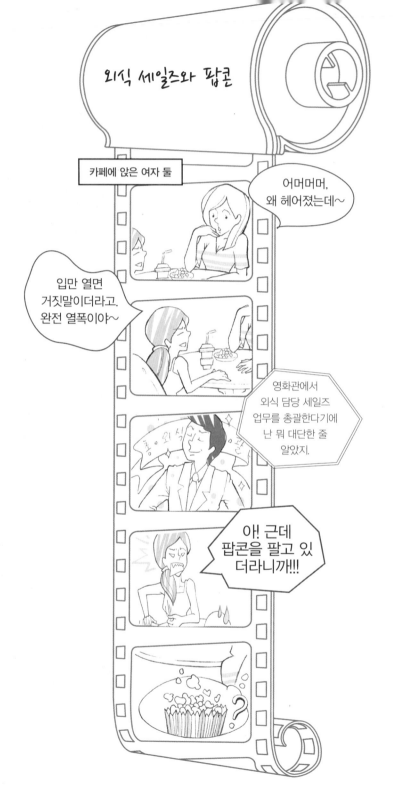

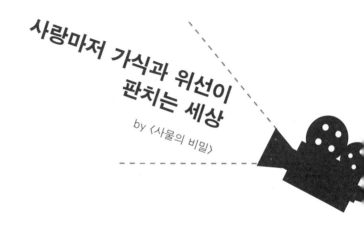

사랑마저 가식과 위선이 판치는 세상

by 〈사물의 비밀〉

사전적 정의만 놓고 본다면 사랑에 가식이나 허세가 끼어들 여지는 없다. 하지만 현실은 그렇지 않다. 그 어떤 문제보다 솔직해야 할 사랑 앞에서 자꾸 얼굴을 바꿀 수밖에 없는 진짜 이유는 뭘까?

이경미 감독이 만든 영화 〈사물의 비밀〉에 나오는 마흔 살의 혜정은 사회학과 교수다. 그녀는 연구실 컴퓨터 앞에 앉아 허구한 날 연구에 몰두하고 있다. 음란사이트에 '해방보지'라는 과감한 아이디로 여과되지 않은 19금 글을 투척하느라 검은색 뿔테 안경까지 쓰고 여념이 없는 모습. 겉보기에는 지적인 미모의 여교수가 열심히 일하는 모습이지만 진실은 대반전인 셈.

겉으로는 남부러울 것 없어 보이는 그녀지만 남편과는 완벽한 쇼윈도 부부다. 학문적 욕망을 제외한 나머지 욕망은 제대로 처리되지 않아 폭발하기 일보직전. 그런 그녀 앞에 훤칠한 외모의 대학생 우상(참 이름도 아주 잘 어울리네, 우상이라니)이 프로젝트 조교로 들어왔으니 속으로는 쾌재, 겉으로는 평정이라는 어려운 이중주의 나날이 시작된다.

그래도 그녀는 스스로를 제어하기에 바쁘다. 스무 살이라는 나이 차이도 그렇고 스승과 제자라는 것도 걸리고 쇼윈도이기는 하지만 기혼녀라는 옷걸이에 걸려 있는 자신을 수시로 자각하고 있다.

하지만 이건 이성의 영역에서의 얘기일 뿐이고 속내는 우상이 좋아 죽겠다. 마치 지킬박사와 하이드처럼 그녀는 그렇게 이성과 감성의 양 극단을 하루에도 수십 차례 오간다. 아마 몸이 열 개라도 모자랐을 것이다.

혜정이 염치없는 중년 여자라고? 내친 김에 여기 더 염치없는 중년 남자 얘기를 해볼까 한다. 홍상수 감독의 영화 〈누구의 딸도 아닌 해원〉에 나오는 연극영화학과 교수 성준이 그 주인공이다. 혜정이 애써 교수라는 체면을 유지하기 위해 본인의 감정까지 속여가며 눈물겨운 노력을 했던 사람이라면 성준은 교수라는 체면은 유지하되 본인의 감정에 충실하여 불륜을 저지르는 엔조이형 인간이다.

그는 연극영화학과의 퀸카 해원을 부인 몰래 만난다. 그러는 주제에 해원이 같은 학과 남자아이와 연애하는 것에는 불같이 질투한다. '겨우 네가 그런 놈이랑 연애하는 것이 화가 난다'고 말 같지 않은 변명을 하는 찌질남인 것이다.

몰래한 불륜이니 학생들 앞에서도 쉬쉬, 엉성한 거짓말과 가식이 넘쳐난다. 그러면서도 둘이 있을 때에는 "나 너 없으면 못 살아, 너 때문에 미치겠어."고 사랑의 말을 뇌까리니 해원이야말로 진짜 '미치기' 일보 직전이었을 것이다.

118

그 사랑, 가면 몇 개랑 바꾼 건가요?

누군가를 사랑하게 되면 그 사람에게 잘 보이고 싶게 마련이다. 사랑하는 사람 앞에서는 트림도 하기 싫고 방귀를 뀌는 것도 금물이다. 인간이면 당연하게 나오는 생리현상이 하루아침에 금기의 영역으로 들어가 버린다. 하지만 그것이 비정상적이라는 생각은 절대 하지 않는다. 왜냐하면 나는 지금 그를 '사랑'하기 때문이다. 얼굴이 노랗게 뜨고 속으로는 천둥번개가 칠지언정 겉으로는 배시시 웃을 수 있는 것 또한 사랑의 힘일 것이다.

우리는 사랑에 빠진 상대 앞에서 하는 이러한 행동들을 위선이라 부르지 않는다. 이러한 비인간적인(!) 귀여운 행동을 넘어 배우자와 깨가 쏠쏠 쏟아지는 데도 별거 직전인 것처럼 얘기한다거나 친구의 외제차를 내 차인 것처럼 굴린다거나 없는 뒷배경을 열 폭 병풍 정도로 부풀린다거나 하는 전면적인 자기 부정의 상태에 도달해야 비로소 위선이자 가식이으로 여긴다. 실상 그것은 상대에게 잘 보이기 위한 것이 아니라 명백한 기만이지 않은가.

언젠가 원로 코미디언인 자니 윤씨가 나와서 이런 고백을 한 적이 있다. 맨 처음 미국에 갔을 때 언어도 낯설고 아는 사람 하나 없어 무척이나 힘들었노라고. 하지만 그런 것으로는 위기에 처하지 않는다며 진정 자신이 위기에 처했을 때는 '내가 내가 아닌 다른 사람인 척'했을 때라고 했다. 영어를 못 알아들었을 때 솔직히 "나 지금 네가 무슨 말 하는지 전혀 못 알아들었거든?"이라고 반문하지 못하고(그 놈의 자존심 때문에) 마치 다 알아들은 것처럼 행동했을 때, 그 다음은 항상 생각지도 못한 위기가 찾아왔더라는 웃지 못할 고백이었다.

내가 오롯이 '나'인 상태로 있는다는 것은 일견 쉬워 보이지만 사실 상당히 어려운 일이다. 나의 마음에 정직해야 하고 나의 감정에 솔직해야 하는데, 앞서 살펴본 대학교수 혜정처럼 그런 솔직함이 지금 내가 가진 모든 것을 앗아갈 수 있기 때문이다. 만약 혜정이 지금까지의 결혼생활은 지옥이었으며 지금 자신은 갓 스무살이 넘은 학생을 사랑한다고 용감히 밝혔다고 가정하자. 그녀의 교수직은 고백 전과 동일하게 유지될 수 있을까? 행복한 결혼생활의 표본처럼, 완벽한 여성의 견본처럼 칭송받았는데 성공한 남편 대신 새파란 젊은이가 그런 역할을 해줄 수 있을까? 늙은 여우라는 둥 마녀라는 둥 각종 인터넷 게시판에 악성 댓글이 난무하는 것은 아닐까? 호사가들의 입방아에 오르내리다가 결국 서로의 마음에 상처만 남긴 채 직업도 명예도 사랑도 실패하면 어쩌지?

그렇다. 바로 이런 마음 탓에 우리는 급작스럽게 찾아온 사랑에 민얼굴을 드러내기가 어려운 것이다. 성준 역시 마찬가지다. 그래도 그는 사랑하는 사람에게 민얼굴을 보인 게 아니냐구? 아니다. 그는 그냥 비겁했을 뿐이다. 떳떳하지 못한 사랑은 그를 학생들 앞에서 과민하게 만들었으며 끝이 보이지 않는 거짓의 성벽을 치게 만들었다. 그늘의 사랑이어서 겪어야 했던 모든 불이익을 마치 해원의 탓인 것처럼 몰아세우기도 한다. 사랑하는 사람을 그늘로 몰아넣은 주범임에도 불구하고.

그런 파렴치한 성준을 보며 해원은 말한다. 당신은 그 어떤 것도 포기하고 싶어 하지 않는다고. 그리고 그것이 바로 문제라고 말이다. 교수라는 직업과 아내와 아이, 하지만 동시에 해원이라는 싱그럽고 아름다운 여인도 손에 넣고 싶다. 양손 가득 많은 것을 쥐고 있으면서도 그는 또 다른 물건을 고르고 싶어한다.

사랑한다면 상대에게 솔직해야 하는 것은 물론이고 그 사랑을 밝히는 것에도 떳떳해야 한다. 그것이 그 사람과 사랑에 대한 예의다. 성준처럼 한쪽에만 솔직하다면 그것은 진정한 사랑이라고 말하기 어렵다. 그렇기에 천국과 지옥을 오가다가 결국 사랑을 선택한 혜정의 행보는 근래 보기 드문(!) 용기있는 행동이라 칭찬하고 싶다.

혜정은 호스트바에서 일하는 우상을 쓰레기라 말하고 우상은 그런 혜정에게 주변의 이목이 무서워서 이혼도 못하는 위선자라 되받아친다. 이렇듯 서로에게 상처를 남기지만 결국 혜정은 "맘껏 하고 싶은 대로 다 불태우고 죽으리라… 후회는 없다!"는 말로 결심을 굳히고 사랑을 찾아 행동에 나선다. 그들을 지켜본 디지털 카메라의 낮은 읊조림이 아직도 귓가에 생생하다.

> "사랑은 잘나서 하는 게 아니다. 두 못난이가 가면을 벗어던지고
> 서로를 마주할 때, 그때 비로소 사랑은 시작된다…"

우리 인생은 의외로 공평하다. 하나를 얻으면 분명 뭔가 하나는 잃는 것이다. 그게 순리다. 모든 것을 가질 수는 없다. 사랑이라고 다를 리 없다. 사랑의 쟁취에는 그에 상응하는 뭔가를 포기할 수밖에 없다. 그것은 여유 있는 혼자만의 시간일 수도 있고 돈일 수도 있으며 직장일 수도 있다. 때에 따라서는 (슬프게도) 가족일 수도 있다.

그럼에도 사랑을 택했다면 그것은 그 선택에 따르는 모든 부수적인 것들 side effect도 군소리 없이 받아들여야 한다. 사랑은, 사랑하는 그 사람은 지금 내가 가진 모든 것을 주어도 바꿀 수 없는 것이어야 하기 때문이다.

가진 것이 많은 사람일수록 사랑을 선택하기 어려워 한다. 하지만 성준처럼 모든 것을 파멸로 이끌어 진 말자. 포식자인 양 이것도 취하고 저것도

취해야 직성이 풀린다면 두 개, 아니 백팔 개의 가면으로도 모자랄 것이다.

동방예의지국 여러분, 이제 우리 사랑에도 치례致禮를 해야 하지 않겠습니까. 그 사람을 진심으로 사랑한다면 말이죠.

블루 재스민 (2013)
감독 : 우디 앨런
출연 : 케이트 블란쳇, 알렉 볼드윈, 샐리 호킨스 등

역시 우디 앨런이라고 외칠 만한 또 하나의 수작. 철저하게 본인을 숨기다 결국은 과대망상으로 발전한 우울한 재스민의 향기가 짙다. 재스민의 고급스런 의상이 또 하나의 관전 포인트.

관능의 법칙 (2013)
감독 : 권칠인
출연 : 조민수, 엄정화, 문소리, 이경영 등

40대 중년 여성들의 사랑을 솔직히 다룬 영화. 노련한 배우들의 안정적인 연기가 보는 이를 편하게 이끈다. 사랑 앞에서는 그냥 닥치고 솔직한 게 가장 큰 무기라는 것을 실감하게 만든다.

멋진 하루 (2008)
감독 : 이윤기
출연 : 하정우, 전도연, 김혜옥, 김중기 등

천성이 솔직하고 낙천적인 병운. 그래서 본인의 치부도 가리지 못하고 상대에게 거짓없이 보여준다. 그런 병운의 민낯이 싫고 한심한 전 애인 희수. 하지만 이 둘이 어쩔 수 없이 같이 보내게 된 하루 동안 희수는 병운의 민낯에서 다른 매력을 발견하게 된다. 비밀 없는 이 남자, 어떻게 받아들여야 할까?

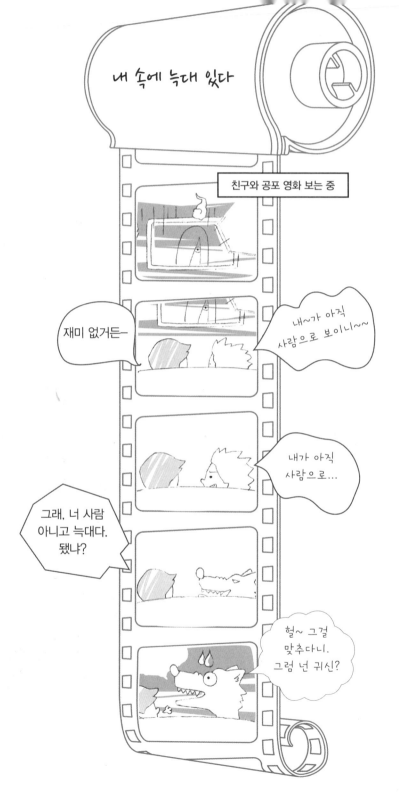

내가 알고 있는 그 사람은 정말 그 사람일까

by 〈화차〉

그녀가 사라졌다. 감쪽같이. 약혼자 문호와 함께 시댁에 청첩장을 드리러 가는 길에 잠깐 들른 휴게소에서 그녀는 머리핀 하나만 남겨둔 채 자취를 감춰버렸다. 곧바로 달려간 그녀의 집은 짐은커녕 그 집에서 그동안 그녀가 살았는지조차 의심스러울 만큼 지문 하나 없이 깨끗하다.

문호의 부탁으로 그녀를 찾고 있던 전직 형사 출신 사촌형 종근이 강선영이라는 가명으로 살아온 그녀가 진짜 강선영을 살인한 유력한 용의자라고 지목하자 문호는 발끈한다.

"형이 우리 선영이 뭐 알기나 해?

"그래 그럼 넌, 그 여자에 대해서 아는 게 뭐 있냐? 그 여자 이름은 알아?"

강선영으로 둔갑한 그녀에 대해선 안다. 이름도, 나이도, 직업도, 주민번호도, 싱그러운 미소와 살결의 감촉과 그녀가 꿈꾸던 행복까지도. 그러나 진짜 그녀에 대해서 문호는 아는 게 단 한 가지도 없었다.

문호와 종근에 의해 드러나는 그녀의 실체는 믿기 힘들 만큼 충격적이다. 아버지가 쓴 거액의 사채로 이산가족이 되어 고아원에서 자란 것도 모자라 이혼경력에, 조폭 사채업자들의 강요에 못 이긴 창녀생활에, 누구 씨인지도 모르는 기형아를 낳고 그 아이를 잃기까지 그녀의 삶은 그야말로 파란만장한 일생 그 자체였다.

> "제발 아버지 좀 죽여주세요. 제 눈앞에 우리 아버지 시체를 보여주세요. 저를 가엾게 여기신다면 제발 아버지 좀 죽여주세요."

'아버지-사채-지옥의 삶'이라는 악의 고리를 끊어내기 위한 그녀의 기도는 그저 목숨이라도 건지고 싶은 간절함일 뿐, 그녀에게 행복한 삶은 사치였다. 아니 강선영의 인적사항만이 아니라 강선영의 얼굴과 DNA까지 완벽하게 복제되었다면 어쩌면 그녀가 바라던 행복은 좀 더 길었을지 모르겠다.

그러나 아버지의 시체 대신 문호와의 짧은 행복만이 그녀의 기도에 대한 하느님의 응답이었을 뿐, 평범한 삶에 대한 그녀의 갈구는 가까이 가면 사라지는 신기루처럼 허락된 운명이 아니었나 보다. 그녀의 허물과 아픈 과거까지도 사랑으로 품으려 했던 문호 앞에서 그녀가 타야만 했던 것은 결국 지옥의 수레, 화차火車였을 뿐.

나조차 헷갈리는 가면 벗은 내 얼굴

> "시간이 갈수록 엄청나게 불어나는 게 두 가지가 있다고 합니다.

바로 사채하고 거짓말이죠."

아버지의 사채로 시작된 그녀의 모진 세월은 결국 그녀를 거짓말의 달인으로 만들었다. 위험이 닥친 순간 날개를 쫙 펴서 날개에 새겨진 눈알 모양의 무늬를 크게 보인다는 공작나비 얘기를 꺼내며 자신이 꼭 공작나비처럼 스스로를 보호하고 있음을 암시한 그녀는 자신이 할 수 있는 최선의 방어책으로 거짓말의 확대재생산을 고를 수밖에 없었는지도 모른다.

그러나 그 거짓말로도 온전히 자기 자신을 가리는 데는 한계가 있었다. 강·절도범부터 사기꾼에 연쇄살인자까지 별의별 인간 유형을 다 겪은 후 인간의 근원적 심리를 꿰뚫게 된 전직 형사 종근의 말에서 그녀의 상태를 짐작해보자.

> "갑자기 입에서 냄새가 날 때가 있어. 사는 게 좆같고 구질구질
> 하고 더 이상 뭘 해도 전부 안 될 것 같은 그런 기분이 있거든. 지
> 나온 인생 같은 거 싹 지우고 도망가 버리면 얼마나 좋을까…"

사실 그녀처럼 완전히 다른 사람으로 탈바꿈하는 일은 쉬운 일이 아니다. 그녀뿐만 아니라 리플리도 마찬가지였다. 돈 많은 배짱이 닉의 삶을 동경하다 종내 그의 인생을 빼앗은 영화 〈리플리〉의 리플리도 거짓말과 살인을 반복한다. 나의 가짜 삶이 유지되려면 내가 되어야만 하는 그 사람은 물론 그 사람과 나를 동시에 알고 있는 주변 사람 모두 사라져야 하기에.

숱한 거짓말로도 모자라 살인까지 무릅쓰는 무리수는 정말 그녀와 리플리처럼 잊을 수 없다면 지우고 싶고, 지울 수 없다면 잊고 싶은 풍진 세상을

겪은 사람이 아니고서야 쉽게 감행할 수 있는 일이 아니다. 그만큼 그들은 신산스런 현실의 벽에 갇혀 자신의 본모습으로는 도저히 살아갈 수 없는 지경으로 내몰렸던 것이다.

"난 늘 생각했어. 초라한 현실보단 멋진 거짓이 낫다고."

리플리의 고백이 아무리 자조적이더라도 '초라한 현실'의 주인공이 되어보지 않은 이상 무턱대고 그를 비난할 수만은 없는 일이다. 비난은커녕 조금은 동정어린 시선으로 그녀와 리플리를 이해해보려 노력하는 이유는 우리 역시 여러 형태의 그녀 혹은 리플리의 분신들이기 때문이다.

자신의 정체를 가감없이 드러내며 '민낯 인생'을 사는 사람을 나는 거의 본 적이 없다. 자신이 거짓말을 하고 있다는 사실을 인지하든 못하든 대개의 사람들은 현실의 자아와 이상적인 자아 사이에서 아슬아슬한 줄타기를 한다. 조금만 생각해보면 민낯을 숨기는 방법은 의외로 간단하다. 가면을 뒤집어쓰기만 하면 된다. 자신이 보여주고 싶은 모습의 가면, 즉 페르소나^{persona}를 얼굴 위에 덧입히기만 하면 된다.

왜 가면을 쓰고 사냐고? 어릴 때부터 내면의 욕구를 감춘 채 부모의 입김대로만 살아온 탓일 수도 있고, 강압과 폭력으로 점철된 우리의 역사가 집단정서를 획일화한 결과일 수도 있다. 이유를 아는 것은 그나마 다행이다. 대부분은 가면을 썼다는 인식조차 못하는 경우가 많다. 가면에 너무 익숙해져 자신의 얼굴이 기억나지 않을 정도로 가면과 진짜 얼굴이 일체화되는 것이다.

아이러니한 일은 우리가 자의로만 가면을 쓰는 게 아니라는 점이다. 내가 보여주고 싶은 가면과 남들이 보고 는 가면은 다를 때가 많다. 스스로 가면을 벗고 민낯으로 다가가도 타인 혹은 대중이 나에게 가면을 씌우는 경우도 허다하다.

내 의지와 상관없이 그들이 보고 싶은 가면이 내 얼굴에 쓰이는 상황. 편견과 선입견이 그래서 무서운 것이다. 나의 배경과 조건, 혹은 나에 대한 주변의 기대가 평생 멍에나 족쇄가 될 것이기 때문에. 내가 아무리 민낯을 드러내려 해도 타인과 사회가 그것을 거부하는 역설, 가면을 벗고 싶어도 절대 벗을 수 없게 만드는 모순이 바로 여기서 나타난다.

이 역설과 모순은 남들이 씌운 가면을 가리기 위해 또 다른 가면을 쓰게 만든다. 스스로 가면을 써야 남이 씌운 가면을 벗게 되는 이 기막힌 상황은 '아버지-사채-지옥'의 삶이라는 그녀의 삶의 고리와 전혀 다르지 않다. 대체 내가 남을 속이는 것인지 남이 나를 속이는 것인지 내가 쓴 가면이 진짜 가면인지 남이 씌운 가면이 진짜 가면인지 알 수 없는 우리의 모습은 돌고 도는 뫼비우스의 띠 같지 않은가.

미움받을 용기에서 무시할 용기로 나아가라

내 속엔 내가 너무도 많아 당신의 쉴 곳 없네

내 속엔 헛된 바람들로 당신의 편할 곳 없네

내 속엔 내가 어쩔 수 없는 어둠 당신의 쉴 자리를 뺏고

내 속엔 내가 이길 수 없는 슬픔 무성한 가시나무숲 같네

바람만 불면 그 메마른 가지 서로 부대끼며 울어대고

쉴 곳을 찾아 지쳐 날아온 어린 새들도 가시에 찔려 날아가고

바람만 불면 외롭고 또 괴로워 슬픈 노래를 부르던 날이 많았는데

내 속엔 내가 너무도 많아서 당신의 쉴 곳 없네

- 시인과 촌장 〈가시나무〉

시인과 촌장이 부른 〈가시나무〉 노래의 가사다. 딱 우리의 모습이 아닌가. 헛된 바람이 가득 차 어둠과 슬픔만이 자리한 내 마음. 그 속에서 숱한 인격들의 싸움에 부대끼고, 진실한 관계를 원해 다가온 어린 새들을 내쫓고, 그래서 기어이 외로움에 압사당하는 이 시대의 딱한 우리.

고가 후미타케古賀 史健와 기시미 이치로岸見 一郎가 공저한 《미움받을 용기》라는 책의 제목처럼 남들의 시선, 호사가들의 입방아를 견딜 용기만 내면 우리는 진정 가면을 벗고 행복해질 수 있을까?

아니다. 이것은 비단 개인이 용단을 내릴 문제만은 아니다. 스스로 가면을 벗어도 누군가 씌워주는 역설의 현실에서는 더더욱 그렇다. 누군가에게 주어진 시궁창 같은 삶을 벗어나게 도와주자는 것도 비현실적이긴 마찬가지다. 일례로 빚에 허덕이는 사람들을 구제하기는커녕 '지금이 집을 살 적기'라며 주택담보대출 창구로 서민을 유인하지 않는가. 고공행진 중인 등록금을 인하하는 대신 대학생들마저 학자금대출로 호객하니 국가가 나서서 빚을 권한다 해도 과언이 아닐 터. 개인이 용단을 내린다고 해서 나의 민낯을 드러내고 살기에는 국가가, 사회가 유혹하는 것들이 너무나 많다.

그럼에도 해결의 실마리는 개인의 의지로부터 시작된다고 말하고 싶다. 시선의 주체 설정을 '남'에서 '나'로의 변경하려는 의지 말이다.

처음엔 '미움받을 용기'에서 시작하게 될 것이다. 그러나 여기에서 '무시할 용기'까지 나아가야 한다. '미움을 받는다'는 것은 시작의 주체가 남이다. '미

워하는 것'이 먼저, '받는 것'이 나중이라면 나는 피동의 대상이 될 수밖에 없다. 그런데 여기에서 한 발짝 더 나아가 '무시한다'로 넘어가면 주체는 남이 아닌 내가 된다. 남이 나를 미워하든 말든 나는 신경쓰지 않겠다는, 강한 의지의 행동화다.

남의 미움을 초월했다면 남의 사랑과 인정 따위에도 목매선 안 된다. 나를 사랑하는 사람은 나로서 족하고, 나를 인정하는 사람도 내가 먼저여야 한다. 내가 나를 괜찮은 사람으로 여기고 사랑하면 그뿐이다. 가면이란 것이 나와 상대의 상호성에 의해 만들어지는 것이니만큼 스스로 자유로워지려면 우선 상대를 배제하는 훈련이 필요하다. 그리고 우주의 중심에 자신을 놓아야 한다.

'인간의 욕망은 타자의 욕망이다'라고 했던 프랑스 정신분석학자 라캉 Jacques Lacan의 말을 상기할 필요가 있겠다. 타자의 욕망을 욕망하기 위해 가면이 필요했다면, 역으로 가면을 벗기 위해서는 나의 욕망을 타자의 욕망과 철저히 구분해야 한다. 부모의 욕망대로 좋은 대학에 들어가 전문직을 갖는 것이 진정 내가 원하는 삶인가? 전원 회식참석이라는 집단규율을 나는 지키고 싶은가, 깨고 싶은가?

자신에게 솔직해지는 것만이 진정한 자유를 얻는 지름길이다. 자기 자신을 속이는 것은 자살행위일 뿐이다. 결국 그녀가 탈 수밖에 없었던 건 화차였듯이, 닉이 되기 위해 닉을 죽였지만 닉도 리플리도 아닌 삶을 살게 된 그가 죽인 건 결국 자기 자신이었듯이.

외로울 거라고?
물론. 남의 시선과 평가에 연연하지 않는다는 것은 극단의 경우 무인도에 자신을 가두는 것처럼 소외를 자처하는 일일 수도 있다. 그리고 그 외로움은 예상외로 클지 모른다. 그러나 가면을 써서 느끼는 외로움보다 가면을 벗어서 느끼는 외로움이 작을 것이라 나는 믿는다. 분명 아무도 없던 무인도에 한 사람, 두 사람 모여들 테니까. 가시투성이인 고슴도치도 사랑을 나누고 새끼를 낳고 살지 않는가. 서로 찌르지 않기 위해 가시와 가시 사이를 촘촘히 맞대면서. 하물며 인간이야.

아무리 생각해도 그렇게까지 용기가 안 난다면 차선의 방법도 있다. 고백하자면, 이건 내 방식이다. 누군가가 가면 쓴 내 모습을 칭찬했을 때, 그리고 그것이 거짓임을 밝히고 민낯을 보이고 싶을 때 난 거침없이 이렇게 말한다.

"제 연기, 여우주연상감이죠?!"

존 말코비치되기 (1999)

감독 : 스파이크 존즈

출연 : 존 쿠삭, 카메론 디아즈, 캐서린 키너 등

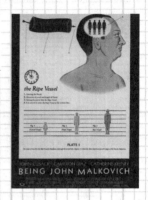

블랙 코미디의 진수. 끝없는 욕망의 어두운 실체와 정체성 상실의 말로를 제대로 담았다. 이 무거운 소재를 판타지로 풀어낸 것이 결정적 매력. 죽기 전에 꼭 봐야 할 영화 목록에 무조건 넣으시라.

제로 포커스 (2009)

감독 : 이누도 잇신

출연 : 히로스에 료코, 나카타니 미키, 키무라 타에 등

마쓰모토 세이초의 《제로의 초점》이 원작. 사랑하는 데 있어 상대의 과거는 중요한 요소인가, 또 그 과거를 얼마만큼 아는 것이 적당한가를 자문하게 하는 작품이다. 전후 일본의 암울한 현실을 담은 스릴러 영화지만 아름다운 설경과 배우들의 절제된 연기가 그 어두움을 어느 정도 걷어냈다.

내 인생을 훔친 사랑스러운 도둑녀 (2013)

감독 : 세스 고든

출연 : 제이슨 베이트먼, 멜리사 맥카시, 아만다 피트 등

눈뜨고 코 베이는 각종 피싱을 당해본 사람이라면 일단 뒷목을 잡고 영화를 보게 될 것이나 멜리사 맥카시의 천연덕스러운 연기에 어느새 분노 게이지는 내려갈 것이다. 천벌을 받을 범죄자라도 한 번쯤은 그들의 사연에 귀 기울이고 싶게 만드는 이상한 매력을 내뿜는 영화다.

네 번째 이야기 ··· SUCCESS

내가 제일 잘 나가

미치도록 이기고 싶다.

남의 것을 빼앗아서라도 오르고 싶다.

배신과 음모가 뒤섞인 아비규환의 현장에서는

칭송과 갈채가 아닌 자멸과 공멸이 반복된다.

그렇기에 피라미드의 저 맨 꼭대기에 올라간 사람도

상처뿐인 영광인 경우가 허다하다.

비뚤어진 출세욕이 빚어내는 마이너스 섬minus sum 게임을

끝내고 더불어 행복해지는 플러스 섬plus sum을 위한

성공공식은 어떻게 변화해야 하는가.

::: 함께 이야기 나눌 영화 :::

〈영화는 영화다〉〈톱스타〉〈마이 리틀 히어로〉〈관상〉

끝을 모르는 인간의 경쟁심에 제대로 가하는 일침

by 〈영화는 영화다〉

"왜 그러고 살아? 짧은 인생!"

좋아하는 배우에게 사인을 받는 자리에서 이런 소리를 들은 강패는, 깡패다. 그도 한때 배우를 꿈꿨던 적이 있다. 그래서 살벌하고 고단한 깡패 세계의 '리얼'한 현실을 언제나 영화를 찍는 기분으로 산다.

"이러니까 쓰레기 소리 듣는 거 아냐!"

살벌하고 고단한 깡패의 삶을 현실이 아닌 스크린 속에서 사는 수타는, 배우다. 배우랍시고 어깨에 잔뜩 힘주며 짧은 인생 똑바로 살라고 강패에게 선방 날렸다. 그러나 통쾌해 한 건 잠깐이었을 뿐, 강패에게 결국 쓰레기 소리를 듣고 마는 수타다. 영화에서나 멋져 보이는 깡패지 현실에선 양아치 수

준으로 놀고 있기 때문이다.

둘은 우연 같은 필연처럼 만나 현실 같은 영화를 함께 찍게 된다. 영화와 현실이 구분이 안 되는 건 강패나 수타나 마찬가지다. 그 사이에서 어부지리 덕을 보는 건 그동안 "리얼하게 해야지, 리얼하게!"를 연신 날렸던 감독뿐이다. 주인공의 상대역을 배우가 아닌 진짜 깡패가 하니 그림이 예술이다. 오히려 살살하라고 주문할 정도.

사실 강패가 영화를 찍게 된 데는 수타의 공이 컸다. 영화 업계에 이미 양아치로 정평이 난 수타가 자신과 함께 작품을 하겠다는 배우가 없어 강패를 끌어들인 것이다. 울며 겨자 먹기 식이었지만 진짜 깡패놈을 배우로 만들어줬으니 공치사를 들어도 모자랄 판. 그런데 이 깡패 놈은 은혜도 모르고 '인생 잘 만나 흉내만 내면서 산다'고 자신을 비아냥거리니 수타의 속은 뒤틀릴 대로 뒤틀린 상태다.

게다가 연기가 아닌 진짜 주먹질로 싸워야 한다는 강패의 말을 너무 쉽게 받아들인 대가로 진짜 깡패 주먹맛만 실컷 보고 있는 중이다. 이뿐인가. 배우와 남자로서의 자존심을 회복하려고 강패를 의식하며 영화를 찍자 어느새 수타에게 강패는 카메라 앵글 밖에서도 큰 존재로 보이기 시작한다.

모호해진 영화와 현실의 경계 사이에서 새롭게 태어난 건 강패도 마찬가지다. 흉내도 제대로 못 내면서 '주인공' 소리 듣는 것들에게 '쓰레기' 취급당하는 게 우스웠던 그였지만 자신을 똑같이 주인공으로 상대해주는, 그래서 자신이 진짜 배우가 됐다는 걸 느끼게 해주는 수타가 강패에겐 인생의 구원투수인 셈. 영화를 찍는 순간은 물론, 하류인생으로 돌아오더라도 주인공의 아우라를 뽐낼 수 있을 것 같은 근사한 그 느낌은 수타가 아니었다면 경험해보지 못했을 것이란 걸 강패는 잘 알고 있다.

누구 하나 죽어야 끝날 것 같았던 망망대벌에서의 라스트 신, 그들의 마지막 결투를 보며 생각했다. 피 터지는 꼴이 이렇게 아름다울 수도 있구나. 시궁창 같은 현실의 삶에서 조금이나마 낭만을 느껴본 강패, 참을 수 없이 가볍기만 했던 삶에 진중함이라는 무게를 갖게 된 수타, 그들이 적수가 아니었다면 과연 그 아름다움은 피어날 수 있었을까?

경쟁은 긍정의 단어

언제부터인지 정확하지는 않지만 나에겐 새로운 습관이 하나 생겼다. 익히 알고 있는 단어도 사전을 찾아보는 것. 가령 '엄마', '맘마'처럼 어릴 때부터 알고 있는, 매우 친숙해서 설마 내가 그 단어의 뜻을 모르고 있을 거라고 추호도 의심해본 적 없는 그런 단어조차 말이다. 완벽을 기하는 내 성격 탓이 아니다. 우연히 찾은 단어의 사전 뜻이 그동안 내가 알고 있던 뜻과 다르거나 확장된 개념이 많다는 걸 알게 된 이후 내 머리를 온전히 믿어서는 안 된다는 겸손함(!)이 밀려왔기 때문이다.

얼마 전에는 이런 겸손함과는 별개로 심각한 자괴감과 낭패감까지 맛봐야 했는데, 내게 그런 감정을 선사한 한 몹쓸 단어는 바로 '경쟁'이었다. 정확히 말하면 '경쟁'이라는 단어 자체를 몰랐던 것이 아니라 그것의 반대어가 '독점'이라는 것을 몰랐다. '이게 맞나?' 아무리 세상의 모든 가치가 개개인의 스키마에 따라 달라진다지만 설마 내가 이 단어를 이렇게 왜곡되게 인식했을 줄이야!

그렇다. 경쟁의 반대어는 '독점'이었다. '공존'이 아니라….

그동안 난 거짓말 앞에 '하얀'이라는 수식어를 붙이는 것처럼 경쟁이라는 단어 앞에 '선의의'라는 수식어가 붙어야만 그것이 긍정의 의미를 갖는 다는 엄청난 착각 속에 살고 있었다. 그런데 이런 황당한 깨달음(?)을 비단 나만 겪는 것은 아니겠지? 나만큼이나 지금 이 순간 나와 똑같은 '유레카'를 경험하고 계신 분 많으리라 감히 짐작해본다.

지금까지 우리가 경쟁을 부정적인 단어라고 느낀 이유는 간단하다. 작금 의 경쟁은 말 그대로 '무한경쟁'이기 때문이다. 이런 상태에서는 누구도 넘 볼 수 없는 일인자가 되는 것이 최종 목표가 된다. 그리고 그것이 바로 독 점이 되는 것이다. 그러니 경쟁과 독점이 연장선상에 놓이는 건 당연지사.

헌데 그것들이 반대어라니! 입바른 소리로 말하자면 지금과 같은 경쟁 을 탈피하기 위해 우리가 지향해야 할 지점은 공존이 아니던가. 그래서 경 쟁의 반대어를 공존으로 여기고 있는 게 아닌가 말이다. 이런 현실이 바뀌 지 않는다면 사전을 바꾸어야 하는 게 아닐까 싶은 생각이 드는 것도 무리 는 아닐 것이다.

"우리들 사는 인생이 건달이 주인공이면 현실이 너무 슬프지 않아?"

맞다. 매일 매 순간 남을 죽여야만 내가 사는 '경쟁'을 치러야 하는 우리 의 인생은 수타의 말마따나 너무 슬프다.

1등만 기억하는 더러운 세상이라지만 난 이 말에 절반만 동의한다. 누군 가에게 기억되기 위해 사는 삶이라면 경쟁을 통해 독점하는 것이 목표일 수 도 있겠다. 독점이 목표라면 남을 죽이는 게 맞을 수도 있다. 남을 죽여야만 박수와 찬사를 얻을 수 있다면 분명 우리의 현실은 더럽다.

그러나 앞서 얘기했듯 경쟁은 긍정의 단어다.《주역》에도 경쟁 자체는 길

140

하다고 했다比も. 인류 태초부터 있어 왔고 인류가 멸망하는 그 순간까지 존재할 수밖에 없는 것이 경쟁이고, 이것이야말로 모든 인류 발전의 원동력임을 삼척동자도 아는 바. 살아있는 청어를 팔기 위해서는 천적인 메기가 수조에 함께 있어야 하듯이 김연아가 세계를 제패할 수 있었던 것 역시 아사마다오가 있었기에 가능했던 것일 게다.

그래서 진정으로 경쟁을 아는 사람은 첫째로, 상대를 인정할 줄 안다. 둘째로, 1등만 기억하는 대중의 시선에 목을 매지 않는다. 그들에겐 언제나 그들 자신이 최고의 경쟁자이다. 1등이 목표가 아닌 '완벽해지는 것'을 목표로 한다. 〈블랙스완〉의 니나처럼.

완벽한 흑조를 연기하기 위해 니나는 스스로를 극한으로 몰고 간다. '미치지 않으면 미치지 못한다不狂不及'는 최고의 경지에 오르기 위해서다. 자신의 배역을 뺏기지 않기 위해 자신의 대역인 릴리를 계속 의식하긴 하지만 그것은 단순히 릴리를 이기고 싶어서 그런 게 아니다. 그녀의 최종 목표는 백조와 흑조 모두 완벽하게 소화해내는 자신을 보고 싶은 마음, 즉 자기만족 때문이다. 물론 니나의 극단적 완벽주의는 극단의 경쟁심과 다를 바 없는 비극을 낳는다. 차이가 있다면 니나의 욕심은 자멸로 그치지만, 남을 이기겠다는 무한경쟁은 자멸과 공멸을 함께 부른다는 것. 그래서 경쟁이 독점이 아닌 공존과 연장선상에 있으려면 싸움의 타깃이 반드시 나여야 하는 것이다.

적수는 나를 살게 하는 존재다

언젠가 문득 이런 생각을 한 적이 있다. 안토니오 살리에르Antonio Salieri가 그토록 동경하던 모차르트Wolfgang Amadeus Mozart는 자신이 천재여서 행복했을까? 또한 모차르트가 없었다면 살리에르는 진정 행복했을까?

천재는 고사하고 경쟁심에 불타오른 적도 별로 없는 나로서도 결론은 충분히 짐작 가능하다. 둘 다 불행했을 것이라고. 일인자가 된 녀석은 그 자리를 호시탐탐 노리는 녀석 때문에 스트레스를 받고, 일인자가 되지 못한 녀석들은 상대적 결핍감에 스트레스를 받는다는 야생의 법칙이 꼭 동물에게만 해당되는 얘기는 아닐 것이다. 물론 모차르트가 비단 일인자로서의 불안감에 일찍 생을 마감한 건 아닐지라도 천재와 교직할 맞수가 없었다는 건 그에게도 우리에게도 매우 불행한 일이었다.

좋은 적수가 있는 자는 분명히 복 받은 자다. 좋은 적수와의 경쟁은 상대를 보면서 동시에 내 모습을 볼 수 있는 거울을 갖게 되는 것과 같다. 찌그러진 경쟁 상대는 내 얼굴도 뒤틀린 모습으로 보여주고 제대로 된 경쟁 상대는 나의 아름다움을 그대로 혹은 그 이상으로 보여준다. 강패에게 지옥 같은 현실이 영화의 한 장면이 될 수 있었고, 수타에게 가짜투성이인 영화 속 삶이 의미있을 수 있었던 건 결국 그들이 함께 있었고, 서로를 바라봤고, 서로에게 비친 자신의 모습을 볼 수 있었기 때문이다.

자, 그러니 이제 경쟁을 즐기도록 하자. 경쟁 상대를 모조리 죽일 게 아니라 좋은 경쟁 상대를 찾아 겨루는 과정을 즐기자. 그 전에 단어 공부는 제대로 마치는 게 좋겠다. '경쟁'의 반대어는 '독점'이 맞다. '공존'이 아니라!

프레스티지 (2006)

감독 : 크리스토퍼 놀란

출연 : 휴 잭맨, 크리스찬 베일, 스칼렛 요한슨 등

반전 그 이상의 반전을 선보이는 크리스토퍼 놀란 감독의 '천재성'이 고스란히 담긴 작품. 끝을 모르는 인간의 경쟁심에 제대로 일침을 가하는 영화다. 주인공들의 현란한 마술쇼도 감상포인트 중 하나.

2LDK (2002)

감독 : 츠츠미 유키히코

출연 : 코이케 에이코, 노나미 마호 등

경쟁의 종말은 결국 '공멸'이라는 사소한 진리가 두 여자의 사소한 말다툼에서 목숨을 건 사투로 이어지는 70분의 짧은 러닝타임 안에 적나라하게 그려졌다. 여자들의 육탄전이 머리카락을 잡아당기는 수준이라고 생각한다면 큰 오산. 남자들의 결투 못지않은 짜릿한 액션 신scene을 감상하게 될 것이다.

매직 인 더 문라이트 (2014)

감독 : 우디 앨런

출연 : 콜린 퍼스, 엠마 스톤 등

마술이 쇼가 되는 것은 그것이 거짓임을 알면서도 속을 준비가 되어 있기 때문이며 사랑도, 인생도 똑같은 이유로 쇼가 될 수 있다는 것을 우디 앨런 특유의 화법으로 전달한다. 경쟁 상대에 대한 복수가 상대에게 자신의 부족함을 깨우치게 하는 것이라면 이보다 좋은 경쟁이 또 있으랴.

골품제도는 혈통의 높고 낮음에 따라 신분에 제한을 둔 신라 시대의 신분제도다. 왕족을 대상으로 골제骨制로 구분하고 귀족과 일반백성을 두품제頭品制로 구분했는데, 신분에 따라 관직 진출, 혼인, 의복·가옥·수레 등의 규모와 장식 등을 엄격하게 규제했기에 그 영향력이 실로 컸다. 내가 선택한 것도 아닌데 어떤 집안에서, 어떤 혈통을 가지고 태어났느냐에 따라 직업도 결정되고 사치의 정도도 결정되었다는 얘기다.

왜 이렇게 엄격하고 높은 울타리를 쳤던 것일까. 옷 색깔이나 귀걸이까지도 신분에 따른 규제를 해야만 했을까. 아마도 그건 당시 주변국들을 통일한 신라의 불가피한 선택이었을 것이다. 나라마다 다른 귀족체제를 통합·재정비하고 왕권을 강화해야 했을 테니까.

그런데 요즘 우리도 자조적으로 진골이네 성골이네 이런 말들을 자주 입에 담는다. 회사에 따라 조금씩 다르지만 공채로 들어와야 성골이라거나 회사의 임원이 되려면 서울대 출신이어야 한다는 등이 그것이다. 아무리 뛰어난 사람이라도 그 회사 임원공식에 맞지 않으면 성골, 진골은커녕 6두품도 넘을 수 없는 현실. 현대적 의미의 골품제도는 엄마 배에서 결정되는 것이 아닌 우리 스스로 만든 보이지 않는 룰에 의해 결정된다.

출신 성분부터 가르는 노골적인 텃세 의식

태식이는 성실하다. 톱스타 원준을 그림자처럼 따라다니며 운전하고 뒤치다꺼리는 물론, '형님'으로 깍듯이 모신다. 그런 태식에게는 꿈이 있다. 언젠가 원준이처럼 톱스타 반열에 오르는 것. 힘들고 모멸감을 느껴도 꾹 참을 수 있는 건 그런 꿈이 있기 때문이다.

그러던 어느 날 원준이 음주운전 사고를 내고 그 뒤처리를 태식이 자처하여 맡게 된다. 꿈에 그리던 배역 하나를 받는다는 조건으로. 연기자로 성공하겠다는 야망이 차고 넘쳤던 태식이니 대세로 자리 잡는 데는 그리 오랜 시간이 필요하지 않았다.

파죽지세로 올라가는 인기에 성실하고 겸손하던 태식도 서서히 변하기 시작한다. 밑에서 그리 힘들게 굴렀으니 그 정도 쯤이야 유별난 일도 아닐 것이다. 그런데 여기 승승장구하는 태식과 달리 심기가 아주 불편한 사람이 하나 있다.

"옆집 개가 짖으면 그냥 무시하면 되는데, 내가 키우던 개가 짖으니 좀 신경 쓰이네."

처음에는 원준도 태식이 잘 되는 게 좋았다. 자신의 죄를 뒤집어쓰고 연예인 목숨을 지켜준 생명의 은인 아닌가. 그런데 태식이 슬슬 자신의 목을

146

위협하는 존재로 부각되자 가만히 박수만 칠 수 없는 상황이 되어 버렸다. 태식이가 부각되면 부각될수록 자신의 입지가 좁아졌던 것이다. 태식의 연기가 사람들에게 인정받고 인기도 끌자 원준은 생각한다.

'내 차 운전이나 하고 옷이나 챙겨주던 머슴 같은 놈이 이제 나랑 같은 급이야?'

이런 고까운 마음. 우리집 일을 하던 마당쇠가 독립하여 사업에 성공했는데, 어느날 금의환향했다며 찾아와 어쩔 수 없이 같이 차를 마셔야 하는 것과 같은 불편함. 하지만 아무리 마당쇠가 수천억 갑부가 되어 온 마을의 부러움을 산다 해도 내 눈에는 그저 마당쇠일 뿐이다.

그래서 자꾸 원준은 태식이를 그때 그 시절로 되돌리기 위해 노력한다. 자신의 인식 속에서만이라도, 혹은 사석에서만이라도 태식이를 자신의 밑에 두려는 그의 노력은 눈물겹다. 시상식 자리에서도 태식이에게 너 만한 매니저 좀 구해주라는 둥, 피우지도 않는 담배를 사오라는 둥 농담같지 않은 농담을 일삼는다.

농담 뒤에는 출신성분부터 가르는 노골적인 텃세의식이 숨어 있다. '매니저나 하던 주제에 스타라고 까불어?'라는 생각 말이다. 원준은 태식에게 '촌스럽다', '너는 그래서 안 된다'는 둥 원색적인 무시도 서슴지 않는다. 태생부터 너와 나는 다르다, 너는 나를 따라올 수 없다, 그래봤자 너는 내 손바닥이다… 왜? 넌 배우가 될 떡잎이 아니었거든. 끽해야 매니저 신분이지. 아 물론 인정해. 니가 매니저 하나는 깔끔하게 잘 하는 프로였다는 사실은.

변화를 거부하는 몸짓, 텃세를 어찌할꼬!

'과거 내 '하수'가 절치부심하여 나와 같은 레벨이라고 한다. 게다가 그는 연기자도 아니었다. 겨우 내 매니저였다. 연기의 기본도 없는 놈이다. 인정하고 싶지 않다. 나와 명확히 선을 긋고 싶다. 여기는 나만 스포트라이트를 받을 수 있는 곳이다. 어디서 굴러먹다 온 사람인지 모를 신참자가 함부로 들어올 수 없는 영역이다.'

원준이와 같은 이런 마음, 우리에게도 심심치 않게 발견할 수 있다. 예를 들어볼까? 회사에 경력 사원이 들어왔다. 다른 회사에서 높은 연봉을 주고 데려온 인재라고 한다. 우리는 여기서부터 살짝 빈정이 상한다.

'아니 이 회사에 있는 사람은 다 바보로 아나? 우리 연봉은 어쩌고 저 사람에게 웃돈을 주는 거지?'

새로운 사람은 당연히 낯설고 힘들 수밖에 없다. 새로운 시스템에도 적응해야 하고 친하지도 않은 사람들의 협조도 얻어야 한다. 낯선 여행지에서 어리둥절하니 상황 파악이 안 되어 고생한 기억, 누구에게나 있을 것이다. 딱 그 상황이 회사에서 벌어진다고 보면 된다. 아주 쉬운 일도 이해하지 못할 때가 있고 뭔가 어렵기만 하다. 착한 사마리아인처럼 누군가 좀 친절히 알려주면 좋으련만 주변의 분위기는 싸~ 하기만 하다. 직장내 왕따가 시작되는 것이다. 끼리끼리만 알고 중요한 정보는 알려주지 않는다. 스카우트된

148

인재가 헤매는 모습을 보고 주변에서는 고소해하며 쯧쯧 혀를 차기도 한다.

어찌어찌 그 사람이 일단 조직에 소프트랜딩했다고 치자. 이제 진짜 에이스로서의 모습을, 스카우트된 인재로서 가치를 증명해야 하는데 이게 쉽지 않다. 기존에 있던 사람들에게는 여태까지 별 문제 없어 보였던 일도 다른 시각에서 보자면 개선의 여지가 있을 수 있다. 그러나 신참자가 혁신을 하려는 순간, 어렵게 이룬 조화는 금이 가기 시작한다.

누구에게나 변화는 쉽지 않다. 피하고 싶은 일이다. 하지만 새로운 의견이나 제안에 귀를 막고 듣지 않는 순간, 어떤 조직이나 사회도 발전과 성장의 활로를 모색하기 힘들게 된다. 그리고 여기서부터 우리의 비극이 잉태된다.

우리가 흔히 '텃세'라고 말하는 것, 이런 특권 의식을 갖는 순간 유연하게 흐르던 생각의 흐름은 끊기게 될 것이고, 관계는 경직화될 것이며, 종국에는 몰락의 동지가 되는 것밖에 남는 길이 없을 수도 있다. 특히 세계가 통합되고 변화의 속도가 빨라지는 작금의 상황을 본다면 텃세라는 것이 얼마나 위험한 자폭장치인지, 변화를 거부하는 몸짓이 결국은 자살행위와 같음을 인정하지 않을 수 없게 된다.

야구 영화의 최고봉이라 일컬어지는 〈머니볼〉의 오클랜드 애틀랜틱스 단장 빌리 역시 기존의 방식을 거부했던 이단자였다.

1869년부터 시작된 메이저리그는 150여 년의 유구한 역사만큼 전통을 중시하고 그들만의 야구 문화를 확고하게 가지고 있는 야구 연맹이다. 여기에서 우승을 하려면 뛰어난 선수로 팀을 구성하는 것이 필수 조건일 터. 애틀랜틱스 또한 업계에서 20-30년 경력을 쌓아온 스카우터들이 선수를 뽑기 시작했다. 그런데 이 방식이 빌리의 마음에 들지 않는다. 무슨 노인정도 아니고 농담 따먹기나 하면서 느슨하게 진행하는 분위기 하며, 선수의 실력만 따지는 게 아니라 외모와 여자친구까지 신경쓰는 꼴이라니.

빌리의 심기를 건드린 건 스카우터뿐만이 아니다. 감독 역시 그의 의견 따위는 깔끔하게 무시하고 자신의 고집대로 야구를 하려 했으니 빌리가 혁신을 단행한 건 그런 배경이 있었기 때문이다.

이제 빌리는 그만의 방식으로 우승을 위해서 팀을 재정비한다. 빌리는 선수 출신 단장이다. 야구를 뼛속까지 잘 안다. 그렇기 때문에 스카우터와도, 감독과도 대립의 강도가 심했다. 경영학이나 법학을 전공한 경영자가 단장이었다면 얘기가 달랐을 수 있다.

하지만 돈도 없는 약체 구단의 선수 출신 단장은 이제 게임의 룰을 바꾸기 위해 혁신을 단행한다. 스카우팅의 정석을 깨고 철저히 출루율을 기준으로 저평가된 선수를 발굴한다. 주변에서는 모두 미쳤다고, 팀을 말아먹을 놈이라고 욕을 해대지만 그는 이런 파격적인 트레이드를 멈추지 않고 강행한다. 그 이유는 단 하나. 가난한 구단이 부자 구단과 같은 게임의 룰로 싸운다면 백전백패일 수밖에 없다는 자명한 사실 때문이다.

선수라는 다른 출신 성분이 다른 시각을 갖게 했고, 선수라는 다른 출신 성분이 경쟁 구단과는 전혀 다른 해결책을 제시할 수 있게 했다. 단장임에도 빌리는 직접 선수들을 찾아다니며 운동 방법을 조언하고 선수들의 의욕과 투지를 불태우는 일에 앞장서서 나섰다. 그리고 그런 미친 짓이 결국 행복한 성적표를 팀에게 선사했다.

텃세의 부메랑! 언젠가는 나도 피해자가 될 수 있다

텃세들의 특권인 기존 방식을 고수하고 경직화하려는 경향은 회사나 프로 세계에서만 일어나는 일이 아니다. 전공을 예로 들자면 우리에게 상식으로 여겨지는 '학부 전공 = 대학원 전공'이 외국에서는 그리 많지 않다. 오히려 학부와 대학원의 전공이 다른 것이 자연스럽고 유익하다고 판단한다. 뭔가를 배우고 알아가는 단계이므로 새로운 시각과 열린 태도로 많은 것을 흡수하고 그것을 소화하는 것이 편식보다 유익하다고 생각하는 것이다.

하지만 우리에게는 대학교 재학 중에 학과를 바꾸는 것도, 전공은 차치하더라도 대학교의 학부와 대학원의 이름이 바뀌는 것도 녹록지 않다. 공부가 어려운 것이 아니라 그 세계에 뿌리박고 있는 텃세라는 보이지 않는 분위기가 우리를 힘들게 하는 것이다.

자유로운 학문 탐구에서조차 그 나물에 그 밥을 선호하니 우리의 경쟁력은 어찌 되는 걸까. 창의력은 없고 창조는 항상 어렵게만 느껴지고… 모든 것이 개방되고 무한 경쟁으로 내몰리는 상황에서 과연 우리는 자신감을 가지고 당당하게 겨룰 수 있을까?

우리 앞의 현실을 냉정히 바라보자. 종신 고용은 무너졌다. 이제 이동은 과거보다 훨씬 빈번한 일이 되었다. 집을 이사하는 것도 회사를 옮기는 것도 모두 그러하다. 이 동네에서 텃세를 부렸더라도 저 동네로 이사를 가면 텃세의 피해자가 될 수 있다. 회사에서 누군가를 왕따시켰더라도 이직하는 순간 피해자의 눈물을 뚝뚝 흘릴 수 있다는 말이다.

우리가 변화를 받아들이는 데 어려움을 겪는 이유는 여러 가지가 있을 수 있다. 인간의 본성 자체가 변화보다는 익숙함을 선호하고 강물을 거슬러 올라가려는 모험보다는 지금 있는 곳에 뿌리 내리려는 마음이 강하기 때문일 수도 있다. 또는 중앙집권적 정치구조와 장기간에 걸친 독재 때문일 수도 있다. 그도 아니면 단일민족이라는 정체성 때문일 수도 있다. 하지만 그 이유가 무엇이든 간에 잊어서는 안 될 것이 있다.

내가 부린 텃세가 언젠가 부메랑으로 돌아와 박힌 돌인 나를 빼낼 수도 있다는 사실!

악마는 프라다를 입는다 (2006)

감독 : 데이빗 프랭클

출연 : 메릴 스트립, 앤 해서웨이, 스탠리 투치, 에밀리 블런트 등

지독한 패션 편집장, 그녀 밑에서 고군분투하며 미운오리에서 백조로 거듭나는 어시스턴트의 얘기가 화려한 볼거리와 함께 펼쳐진다. 머리에 든 거 없는 비주얼 비서 대신 기자를 지망하는 뇌섹녀를 선택한 악마 편집장의 선택은 옳았다. 하지만 낯선 패션 비즈니스계에서 패피(패션피플)들이 대놓고 벌이는 텃세는 혹독하기 그지없다.

모나리자 스마일 (2003)

감독 : 마이크 뉴웰

출연 : 줄리아 로버츠, 줄리아 스타일즈, 커스틴 던스트 등

서부 출신 미술 선생님이 콧대 높은 동부 명문여자대학교에 부임했다. 선생님이 자신의 발 밑에 있다고 깔보는 대찬 여대생들 탓에 선생님의 재임기간은 'the long and winding road'가 된다. 그 길의 끝에서 만나게 되는 값진 미소를 함께 음미해보자.

그 여자 작사 그 남자 작곡 (2007)

감독 : 마크 로렌스

출연 : 휴 그랜트, 드루 베리모어 등

그 여자는 작사가가 아니었다. 하지만 이 남자가 보기에 업계에서 잘 나간다는 타성에 젖은 스타 작사가보다 훨씬 나았다. 한물간 팝스타와 상처입은 문학 지망생이 만들어내는 환상의 하모니가 사랑만큼이나 감미롭다. 때로는 새롭고 낯선 조화가 의외의 좋은 결과를 만들어내는 법이다.

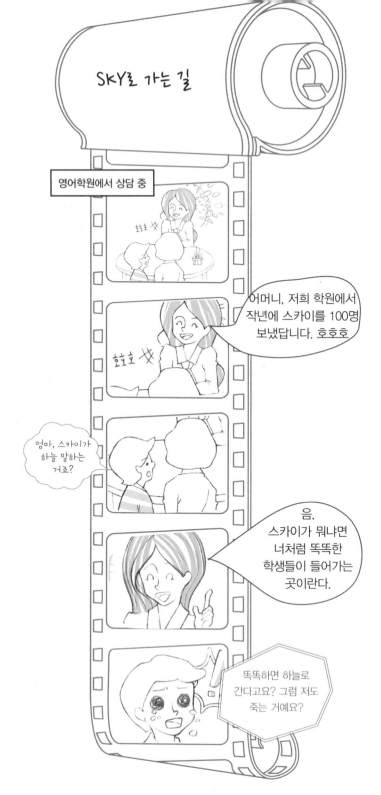

진짜 천재를 망치는 '망할 교육열'

by 〈마이 리틀 히어로〉

　　유일한. 이름이라도 평범했으면 좋으련만 자식의 성공을 바라는 부모의 간절한 마음과는 달리 가난이 그의 발목을 잡을 줄 그 부모인들 알았을까.

　　맨해튼 음대에 합격을 해놓고도 등록금을 내지 못해 눈물겨운 귀국길에 올라야 했던 일한은 현재 명함도 못 내미는 아동뮤지컬 감독으로 근근이 살아가고 있다. 그런 그에게 일생일대의 기회가 찾아왔으니, 바로 '조선의 왕' 정조의 아역을 뽑는 뮤지컬 오디션 프로그램의 감독이 되어달라는 제의.

　　자원 없는 비운의 땅에서 이만큼 성장한 것은 단연 인적자원 덕이었다는 말이 무색하게 어느 업계나 '쓰려고 보면 인재가 없다'는 볼멘소리는 어쩜 그리 똑같은지, 사실 일한의 자리는 그 '없는 인재풀'에 겨우 구색 맞추기로 끼워진 자리였다.

　　그러나 방송관계자의 의도 따윈 상관없다. 이 오디션은 일한에게 '한 방'

이니까. 그래서 오디션을 계기로 한 계단 한 계단 올라가자는 회사 대표의 말에 일한은 버럭하는 것이다.

　　　"그니까 그 계단을 왜 한 계단씩 올라가냐고!
　　　엘리베이터 타면 쭉 가는 길인데!"

　　엘리베이터 타고 쭉 가려는 계획대로 인생이 흘러가 준다면야 어디 인생을 두고 '각본 없는 드라마'란 말이 나왔겠는가. 일한이 동아줄로 삼는 멘티가 하필이면 영광이만 아니었어도 그 드라마는 진짜 각본이 없어도 될 뻔했다. 한민족의 유구한 자랑거리가 단일민족, 백의민족 아니던가. 그런데 조선의 왕이 되고 싶어 하는 영광이가 하필 '단일'도, '백白'도 아닌 까만 필리핀계 혼혈아였으니.

　　엄마와 자신을 버리고 도망간 아빠를 찾기 위해 방송에 참가하긴 했지만 사실 영광이는 천상의 목소리를 가진 음악천재였다. 일한이 운이 '나빴던' 건 한눈에 그 재능을 알아봤다는 것. 영광이 운이 '나빴던' 건 일한이 자신의 욕심을 위해 '될 때까지' 무식하게 훈련시키는 줄도 모르고, 발톱이 빠지고 엉덩이가 퉁퉁 부어도 연습이 재미있어 죽겠다는 것.

　　일한이 영광의 재능을 알아보지만 않았어도 학력위조의 대가로 감독의 자격을 잃고 자신이 작곡한 '영광의 노래The song of glory'를 다른 감독에게 '손수' 건네는 일 따위는 없었을 것이다. 영광 또한 일한이 시키는 혹독한 연습이 서러워 단 한 번이라도 포기할 마음을 품었다면 내쫓기듯 필리핀으로 갔다 왔다 핑퐁 당하는 일은 없었을 것이다.

　　그러나 정말 그 둘의 만남은 서로에게 비운悲運이었을까?

156

진정한 스승은 제자를 가리지 않는다

진부한 논쟁 중 하나가 '천재는 선천적인가, 후천적인가'에 대한 것이다. 전문가들 사이에서도 의견이 분분한 것을 보면 어느 한 가지가 절대적 요인은 아닌 것 같다.

그러나 군이 따지자면 난 천재는 '타고 난다'고 본다. 엄격한 의미에서 노력형 천재는 천재의 의미를 확대해석한 것이지, 진정한 의미에서의 천재는 DNA가 다르지 않을까. 그래서 노벨상을 탄 수많은 사람들이 다 천재는 아닐 수 있다고 믿는다.

그런데 이런 논쟁보다 더 중요한 것이 있다. 타고난 천재적 재능이 세상에 빛을 발하느냐 아니냐 하는 것이다. 지나온 역사를 돌이켜보면 위대한 사람의 뒤에는 반드시 위대한 스승이 있었다. 따라서 양명揚名하지 못하고 역사 속에 흔적도 없이 사라진 수많은 천재들은 어쩌면 위대한 스승을 만나지 못한, 즉 인복이 없었던 것일 수도 있다.

궁금한 것은 천재를 알아보고 키워내기까지 하는 스승이라면 대체 얼마나 위대한가 하는 점이다. 그런데 재미있는 사실은 그 위대한 스승이란 사람들이 정작 그 자신은 전성기를 맛보지 못한 불운의 경험자들인 경우가 많다는 것이다. 〈마이 리틀 히어로〉의 일한뿐만 아니라 〈위플래쉬〉의 플레쳐 역시 마찬가지다. 그들은 하나같이 2인자였거나 주목받지 못한 사람들이었다.

사실 어떤 스승이 천재를 키워내기에 더 적합한지는 잘 모르겠다. 자신의 기량을 펼치는 것과 남을 가르치는 것은 별개의 일이기 때문이다. 자신이 최고였던 사람, 정점을 찍어본 자가 반드시 좋은 스승이라고 단정하기는 어렵다. 제자에게 적절한 롤모델이 될 수 있을지는 모르겠지만, 솔직히 나는 본인이 최고였던 사람이 스승으로서도 명성을 얻은 경우를 본 적이 없다.

반면 최고로 인정받아보지 못한 사람이거나 2인자로 살아본 사람은 전자에 비해 상대적으로 목표의식이나 야망이 크기 때문에 제자를 크게 키워낼 잠재력이 있어 보인다. 그러나 제자의 재능을 자기 꿈의 도구나 재기의 발판으로 사용하려 들 위험이 있어 반드시 좋은 스승이라고 확신할 수만은 없다.

전자든 후자든 무릇 진정한 스승의 그릇을 가진 사람은 따로 있다고 본다. 그 그릇은 제자에 의해 결정되는 게 아니다. 즉 제자가 천재인가 아닌가 하는 것과는 아무 상관이 없다는 얘기다.

스승의 과거 성공여부도 물론 중요하지 않다. 영화 〈굿 윌 헌팅〉의 램보는 수학의 노벨상이라 불리는 필즈상까지 수상했지만 스승의 그릇이 아니었고, 숀은 변두리 대학의 존재감 없는 교수였지만 누구보다 훌륭한 스승이었다.

숀은 친구인 램보 교수가 수학 천재인 제자 윌을 지나치게 몰아세우자 pushing 그를 적극적으로 저지한다. 램보는 MIT 교수로 과거에도 현재도 명성이 자자하지만 자신이 풀지 못하는 문제를 단숨에 풀어내는 윌 앞에서 무기력하게 절망하는 모습을 보인다.

그러면서도 윌이 자신의 능력을 최대치로 발휘하도록 몰아붙인다. 윌의 천재성을 끝까지 확인해보고 싶은 램보 자신의 욕심을 교묘히 감추면서 말이다. 그런 속내를 알아차린 숀은 램보를 향해 말한다.

158

"네 녀석이 지금처럼 그 앨 구석으로 몰아대게 놔두지 않겠어!
실패자처럼 느끼게 하지도 않을 거야!"

램보도 뒤지지 않고 강변한다.

"내가 오늘 이 자리에 오른 건 내 자신을 몰아댔기 때문이야."

물론 램보의 말에도 일리가 있다. 재능은 그 자체로 완성되는 게 아니다. 대부분은 무자비하고 혹독하며 가혹한 과정을 거쳐야 아름다운 결과를 얻을 수 있다.

재능있는 제자의 능력을 최고로 끌어올리겠다는 스승의 생각이 제자의 후광을 보겠다는 욕심만은 아닐 것이다. 실상 천재적 재능은 사막에서 피는 꽃만큼 남다른 것임을 누구보다 잘 알기에 욕심을 부리던 스승도 종국엔 제자의 재능이 제대로 발현되는 것을 보고 싶을 것이다.

그럼에도 숀이 일한, 플레쳐, 램보 같은 스승들과 달랐던 것은 제자를 기능인이 아니라 '인간'으로 봤다는 점이다. 아무리 천재라 해도 그 재주는 인격과 별개다. 사람을 만드는 게 먼저, 재주를 키우는 게 나중이란 말씀. 영화적 설정이긴 하지만 영화 속 천재들은 하나같이 아픔을 간직한 아이들이었다.

일한의 제자 영광은 한국 아버지에게 버림받은 가난한 이주노동자의 아들이었고, 플레쳐의 제자 앤드류는 편부 밑에서 엄마의 정을 느껴보지 못한 채 자랐으며, 램보의 제자 월은 아동학대 피해자로 공격성과 관계성 장애를 가진 어른아이였다. 이 상처들을 극복하지 못한 채 재주만 부리는 것이 무슨 소용 있겠는가.

숀은 비록 평범한 사람이었지만 기능적으로만 우수했던 윌의 재주에 '숨결'을 불어넣을 줄 알았다. 윌의 재주보다 그의 응어리진 마음을 먼저 볼 수 있었기에 가능했던 일이다. 상처를 극복한 후에는 자신의 재주를 어떻게 쓸 것인지 스스로 길을 찾게 도왔다. 그 재능이 꼭 사회정의나 인류애의 실현, 세계평화와 직결되지 않는다 하더라도 윌을 몰아치거나, 마음대로 조정하거나, 강요하지 않고 오로지 스스로의 힘으로 나아갈 수 있게 한 것이다.

"What do you want to do?"

숀이 한 일은 이렇게 질문한 게 전부다. 네가 원하는 것이 있냐고, 정말로 네가 하고 싶은 게 무엇이냐고. 질문을 던진 후에는 윌의 말을 경청했다. 앞에서 이끌고 뒤에서 미는 게 아닌 '옆'에서 함께 걸으며 숀은 끊임없이 윌과 대화했다. 그의 숨결은 바로 윌의 '옆'에 있었기 때문에 전해질 수 있었다. '무엇을' '잘' 가르치는 것만이 능사가 아니다. 스승은 존재 자체로 등불이자 방향타여야 한다.

채찍질이 아닌 하고 싶은 일을 하게 하라

대한민국의 교육열은 미국 오바마 대통령도 인정하는 바이다. 그러나 우리는 안다. 우리의 교육에 대한 열정은 광기라는 것을. 수많은 학원들이 영재교육원을 자처하고 너도나도 내 아이가 특별하다 여기는 요즘. 대한민국에 천재가 그렇게나 많은 걸까? 진심으로 의심스럽다. 유전자부터 다른 진

160

짜 천재들이 넘쳐나는 게 아니라면 대한민국엔 모든 아이들이 천재이기를 바라고 천재가 아닌 아이들을 미치도록 몰아붙이는 '광인狂人'만이 넘쳐나는 건 아닌지 모르겠다.

다시 강조하지만 난 천재는 타고나는 거라고 본다. 일한, 램보와 달리 내가 플레쳐를 '광인'으로 보는 이유는 바로 그의 제자 앤드류만이 '타고난' 천재가 아니었기 때문이다.

앤드류의 노력은 결국 스스로를 빛나게 만들었지만, 엄격히 말해 앤드류는 천재가 아니었다. 천재가 아닌 제자를 천재로 만들려다 보니 플레쳐 자신이 미치게 된 것이다. 영화 〈위플래쉬〉의 포스터 카피도 이를 증명한다.

'천재를 갈망하는 광기가 폭발한다'

천재는 천재이기를 갈망하지 않는 법. 그래서 플레쳐는 '위플래쉬'의 원뜻처럼 '채찍질'을 가하는 것이다. 그리고 플레쳐가 저지르는 웃지 못할 촌극을 우리는 이 땅에서 매일, 사방 곳곳에서 보고 있다.

플레쳐가 넘쳐나는 광기의 나라에서 우리 아이들은 얼마나 더 상처받아야 할까. 그저 이 글이 아이들에게 작은 위로가 될 수 있다면….

너희들 하고 싶은 대로 하라.
하고픈 일을 신나게 해내는 것이야말로
우리가 태어난 이유이기도 하다.
하고 싶지 않은 일을 때려치운다고 해서
너를 비난하는 어른들을

두려워하지 말라는 거다.

그들은 네가 다른 어떤 일을 더 잘하게 될지

아직 모르기 때문이다.

- 황석영 〈개밥바라기별〉 중에서

호로비츠를 위하여 (2006)

감독 : 권형진

출연 : 엄정화, 신의재, 박용우 등

지수로 분한 엄정화의 모성애 연기가 과하지 않게 잘 표현 됐다. 아이라는 작은 생명들이 없다면 이 세상에 진정한 '어른'들이 존재할 수 있을까를 생각해보게 한 영화.

빌리 엘리어트 (2000)

감독 : 스티븐 달드리

출연 : 제이미 벨, 줄리 월터스, 게리 루이스, 제이미 드레이븐 등

자식이 꿈을 이루어가는 모습을 보는 것은 부모로서 큰 행복이다. 그 울림을 깊이 있게 그려낸 수작이다. 어린 빌리의 막춤도 충분한 눈요깃거리지만, 아주 잠깐 등장하는 성인 빌리가 매우 강한 임팩트를 남길 것이니 놓치지 마시길.

어거스트 러쉬 (2007)

감독 : 커스틴 쉐리단

출연 : 프레디 하이모어, 조나단 리스 마이어스, 케리 러셀 등

스토리의 진부함과 억지스러운 개연성에도 불구하고 인물들의 순수한 영혼과 좋은 음악들, 예상치 못한 로빈 윌리엄스의 악역 연기가 이 영화의 힘이다. 어른 못지않은 아이들의 재능과 열정에 스스로를 반성하게 될 터이니 유전자를 탓하기 전에 부족한 노력을 탓하시길.

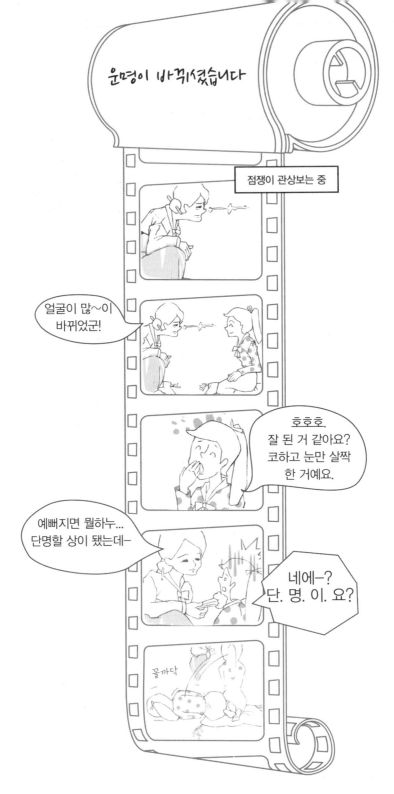

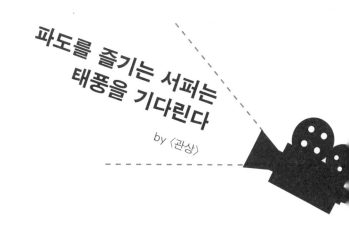

파도를 즐기는 서퍼는 태풍을 기다린다

by 〈관상〉

"이리와 호랑이가 싸우면 누가 이기겠소?"

"이리와 호랑이라… 그것을 내가 어찌 알겠느냐? 센 놈이 이기겠지!"

센 놈은 바로 이리였다. 호랑이를 제친 이리는 바로 수양대군이고 이리에게 진 호랑이는 김종서다. 역사적 사실도 영화의 결말도 그렇게 판명됐고, 신력에 가까울 만큼 오차가 없는 조선의 천재 관상가 김내경 또한 그리 예언했다.

김내경. 그는 아들 진형과 처남 팽헌의 앞날은 물론이요, 살인사건의 진범을 찾아내기까지 하는 진정한 능력자였다. 죽음을 앞둔 문종이 어린 나이에 보위에 앉아 모진 풍파를 견뎌내야 할 세자를 부탁하는 교지까지 남겼을 만큼.

문종이 지푸라기라도 잡는 심정으로 그리한 것은 아니다. 사람의 앞날은 하늘만이 아는 것이 아니냐며 내경의 예언을 허튼소리라 일축하던 문종 앞에서 "이목구비만이 아니라 입놀림과 몸놀림을 함께 보면 열 중 아홉은 지나온 길과 앞으로의 길이 일맥상통하였사옵니다."라고 거침없이 말하는, 관상가의 장인정신(?)으로 똘똘 뭉친 사람이 바로 내경이었기 때문이다.

그러나 그런 운명타령도 자식 앞에서는 한낱 구실에 불과할 뿐. '운명에 체념하지 않는 게 힘들었다'고 말하는 아들 진형을 보며 내경은 운명신봉자에서 개척론의 기수로 방향을 튼다.

"난 사람의 얼굴을 봤을 뿐, 시대의 모습을 보지 못했소.
시시각각 변하는 파도만 본 격이지. 바람을 보아야 하는데…
파도를 만드는 건 바람인데 말이오."

이리가 호랑이를 잡아먹으리라, 아들 진형은 조부의 상을 닮아 벼슬에 오르면 큰 화를 입으리라 스스로 다 예언했던 것이거늘 내경은 파도 뒤에 있는 바람, 즉 인간으로서는 도저히 어찌할 수 없는 불가항력적인 힘에 도전했고 그 대가를 톡톡히 치렀다. 그는 그런 지난날의 자기 자신이 원망스러웠을까? 인간에게 운명은 정말로 넘을 수 없는 철옹성인 것일까?

개척을 떠들지만 운명에 기대고 싶어 하는 심리

'운명론 대 개척론'.
이 지루하고 진부한 논쟁을 다루는 영화의 결론은 대부분 〈관상〉과 정반대다. 즉 운명의 위력이 제아무리 강력해도 결국은 그에 맞서는 인간의 편에서 운명에 강력펀치를 날려버리는 것이다. 화려한 해피엔딩을 맞는 것은 영화 〈컨트롤러〉의 데이빗도 마찬가지다.

데이빗은 '조정국'이 정해놓은 미국의 미래 대통령감이다. 최연소 하원의원으로 화려하게 의회에 입성, 상원의원에 도전하기 위해 한창 선거를 뛰고 있다. 그런데 예기치 않은 실수로 선거에 대패하고, 패배를 인정하는 연설 직전 우연히 만난 앨리스에게 첫 눈에 반하고 만다. 짧은 만남이었지만 그녀가 전해준 신비로운 느낌은 쥐어짜 낸 감동으로 가득 찬 먹물성 원고 대신 그의 치부를 여과 없이 드러낸 진심이 담긴 연설을 하게 만든다. 그 연설로 데이빗은 자신의 안티였던 유권자까지 포섭하여 탄탄한 정치적 입지를 다지게 된다.

스치듯 지나쳤던 앨리스와 또 다시 재회한 데이빗은 이번만큼은 운명적 만남을 놓치지 않기 위해 부단히 노력한다. 하지만 보이지 않는 어떤 힘이 자꾸만 두 사람을 엇갈리게 만들고 그것이 조정국의 계획된 행동임을 알게 되는 데이빗. '회장'으로 불리는 절대적 존재가 만들어놓은 지도, 즉 그를 대통령으로 만들고자 곳곳에 심어놓은 요원들의 힘을 막을 길은 요원해보였다. 그럼에도 자신의 숙명을 순순히 받아들이기엔 그녀에 대한 사랑이 어찌해볼 수 없을 만큼 깊어진 상태다. 데이빗은 모든 희생을 각오하고 무모한 저항의 길로 들어선다. 물론 그를 따르겠다고 결심한 앨리스와 함께.

결론은 데이빗의 승리. 그동안 능동보다는 수동을, 도전보다는 안주에 익숙해진 내 정신을 단숨에 일깨우는 마지막 신의 내레이션은 회장님의 수하가 은밀히 일러주는 영업비밀이니 새겨두면 좋을 듯.

"대부분의 사람들은 우리가 정해준 길을 가지.

다른 길을 찾는 걸 무척 두려워 해.

하지만 가끔은 당신 같은 사람들이 나타나서

우리가 설치한 장애물을 전부 쓰러뜨려.

'자유의지'란 그걸 얻기 위해 투쟁해야만 쓸 수 있는

선물이라는 걸 깨달은 사람들이지.

내가 보기에 회장님의 진짜 계획은

언젠가는 우리가 아니라 당신들 스스로 계획을 쓰는 거야."

결말이 뻔히 보임에도 열심히 데이빗을 응원하고 그의 승리에 함께 기뻐하는 이유는 그만큼 우리가 미래에 대한 큰 열망을 갖고 있기 때문일 것이다. 이 말은 그만큼 현실이 고달프다는 반증이기도 하다. 그래서 데이빗이 보여준 일당백의 기세는 조정국 회장님뿐만 아니라 우리에게도 귀감을 주기에 충분하다. 하지만 무지갯빛으로만 우리의 삶을 속단하는 것은 금물이다. 뜻을 품으면 미래의 삶이 시상식장으로 향하는 레드카펫 위가 되는 것은 그저 영화 속 현실일 뿐이기 때문이다.

언젠가 흥미로운 조사결과를 들은 적이 있다. (《비정상회담》이라는 프로그램이었던 걸로 기억한다.) 한 전시회에서 A그룹에게는 자신이 원하는 그림을 선택하도록 하고, B그룹에게는 똑같은 그림을 일괄적으로 나누어주었다고 한다. 그림을 획득한 당시에는 A그룹 구성원의 만족감이 훨씬 컸다. 선택권이 주어졌고 그 권리를 행사했기 때문이다. 반대로 B그룹의 경우 선택권 박탈에 따른 불만족이 표출되었다. 그런데 일정한 시간이 흐른 후 두 그룹을 다시 조사했더니 이번엔 완전히 상반된 결과가 도출되었다고 한다. 만족도가 정반대로 나타난 것이다. 대체 이유가 뭘까.

조사의 결과는 이랬다. A그룹 구성원들은 자신이 포기한 그림에 대해 아쉬움과 미련이 점점 강해져 시간이 지날수록 스트레스가 쌓인 반면, B그룹 구성원들은 선택과 포기 사이에서 느끼는 상대적 박탈감이 없어 자신이 획득한 그림에 대한 만족도만 가지고 있다는 것.

그림 하나를 선택하는 데도 이런 갈등을 겪고 스트레스를 받는 게 인간인데, 인생 전체를 개척하라며 자유의지를 부추기는 것은 그야말로 극심한 고통이 될지도 모르겠다. 실존주의의 대가 사르트르 Jean Paul Sartre가 《존재와 무》에서 "인간은 자유롭도록 저주받은 존재다."라고 말한 이유 또한 바로 이 때문은 아닐까?

인간이라면 누구나 자유를 갈망한다. 그러나 그 자유의 뒷면에는 반드시 책임이 뒤따른다. 문제는 그 책임에서조차도 자유롭고 싶은 게 간사한 인간의 마음이라는 것이다. 살다 보면 책임이 따르는 자유가 저주스러울 때도 있다. 아무리 인간에게 자유의지가 있다고 해도 그 자유의지를 발휘하며 살고 싶지 않다면, 자유의지를 가졌다는 자체가 저주스럽게 느껴질 것이다.

쉬운 예로 점심을 먹고 싶지 않은 사람이 있다고 하자. 그런데 단체로 음식을 주문해야 한다며 메뉴를 고르라고 강제한다. 속으로는 '안 먹고 싶어요!' 혹은 '아무거나 시켜주세요!' 하고 싶지만 절대 그럴 수 없다. 먹지 않아도 안 되고 반드시 직접 한 가지를 골라야 한다는 무언의 압박. 이때의 선택이란 권리는 그 사람에게 저주가 되는 것이다.

그래서 자유의지가 있다고 하나 그 자유의지를 마음껏 발휘하며 사는 경우는 생각보다 흔치 않다. 많은 사람이 입으로만 '개척'을 떠들 뿐 실상은 '운명'에 기대고 싶어 하는 것이다. 종교에 심취하는 것도 인간 스스로 나약하고 미미한 존재임을 자처하면서 절대자에게 무조건적으로 의탁하고 싶은 심리가 반영된 것이라 할 수 있다. 종교로도 부족한지 샤머니즘도 마다하지 않는다(전국의 점집 수가 성당, 교회, 절을 합친 수만큼 되지 않을까?).

선택의 주체를 남으로 돌리면 책임이라는 무게에서 벗어나기 쉽다. 처음부터 길이 정해져 있었다고 생각해버리면 그보다 속편한 일도 없게 된다. 그러니 운명론 대 개척론의 싸움에서 운명론이 절대 우위일 수밖에 없는 것이다.

그러나 인생이 아무리 수많은 선택지 안에서의 전쟁이라 할지라도, 혹은 선택의 결과가 늘 의지와 노력을 완벽히 반영하는 것이 아닐지라도, 로또처럼 하늘에서 뚝 떨어진 운과 요행을 바라거나 자신의 미래를 누군가의 세 치 혀에 저당 잡히도록 두는 것은 결코 우리가 지향할 바가 아니다.

데이빗이라고 불평할 현실이 없었을까. 부모형제가 일찍 죽어 의지가지 없이 살아야 하는 운명이 마냥 좋았을까 말이다. 내경은 더하다. 심지어 그는 관상쟁이다. 운명을 믿는 사람이었다는 말이다. 그런데도 그는 죽을힘을 다해 운명에 대항했다. 과정이 힘들고 결과가 실패로 귀결된다 해도 중요한 건 삶을 대하는 우리의 자세, 그것뿐이다.

바람을 피할 것인가, 파도를 탈 것인가

생각을 조심하라. 말이 된다.

말을 조심하라. 행동이 된다.

행동을 조심하라. 습관이 된다.

습관을 조심하라. 성격이 된다.

성격을 조심하라. 운명이 된다.

고로 우리는 생각하는 대로 된다.

- 마가릿 대처

마거릿 대처Margaret Thatcher의 말이다. '생각'만 바꾸면 '운명'이 바뀐다니 "참 쉽죠 잉?" 하는 말이 절로 나온다. 그러나 안타깝게도 그 생각을 바꾼다는 것이 세상에서 제일 어려운 일이다. 오죽하면 옛 어른들이 '사람은 생긴 대로 살다가 죽는다'고 했을까.

그러나 아직 절망하기엔 이르다. 크게 성공한 사람들이 하는 말 중에 심심치 않게 듣는 것이 원래 자신은 사주팔자가 좋지 않았는데 그것이 잘못됐다는 것을 증명하기 위해 더 열심히 살았고 그래서 결국 성공했다는 얘기다. 사주팔자라는 것이 얼마나 정확한지는 모르겠지만 중요한 건 '팔자 도망은 가능하다'는 것을 여러 사례를 통해 확인할 수 있다는 점이다. 내경도 아들 진형에게 같은 말을 한다.

"눈은 마음의 표식이다. 얼굴의 상이 나쁜 방향으로 변하는 것을
늘 경계해야 하느니라."

이 말을 대처의 말과 함께 고려해보면, 사람의 생각이 얼굴의 상을 결정하고 그 상相대로 운명이 펼쳐진다는 결론에 이르게 된다.

"당신들은 그저 높은 파도를 잠시 탔을 뿐이오.
우린 그저 낮게 쏠려가고 있는 중이었소만.

허나 언젠간 오를 날이 있지 않겠소.

높이 오른 파도가 언젠간 부서지듯이 말이오.”

내경의 마지막 대사다. 파도만 보고 바람을 보지 못했다며 자책의 세월을 보내기는 했지만 그가 대양을 앞에 두고 파도타기를 겁내지 않았던 이유는 비단 아들 진형 때문만은 아니었을 터. 바람의 힘이 아무리 불가항력이라도 파도를 탈지 피할지는 오롯이 우리의 몫이라는 것을 알려주려는 건 아니었을지. 진정한 서퍼는 조류에 휩쓸리고 암초에 부딪힐지언정 외려 높은 파도에 환호하고 태풍도 기다리는 법이니까.

파도가 없다면 그것은 바다가 아니다. 그리고 우리가 바다를 즐길 수 있는 것은 파도가 있기 때문이다. 대양을 향해 나아가고 싶은가?

그럼 이제 서핑의 묘미를 즐길 때다!

청담보살 (2009)
감독 : 김진영
출연 : 임창정, 박예진, 김희원, 서영희, 서유정 등

임창정 특유의 찌질함이 이토록 사랑스러울 있다니. 자신의 발목을 잡고 있는 운명의 징크스가 무엇인지 생각해보는 계기가 될 것이다.

스트레인저 댄 픽션 (2006)
감독 : 마크 포스터
출연 : 윌 페렐, 매기 질렌할, 더스틴 호프만, 엠마 톰슨 등

생과 사가 인간의 결정권을 벗어난 영역이라 할지라도 살아있는 시간만큼은 온전히 자신의 의지대로 살아야 함을 역설하는 영화. 좀 더 희망적인 메시지는 그 의지의 강도가 조물주의 결정에 영향을 미칠 수도 있는 바. '지성이면 감천' 이라는 속담이 서구에서도 통용되는 듯.

트루먼 쇼 (1998)
감독 : 피터 위어
출연 : 짐 캐리, 에드 해리스, 로라 리니 등

영화 〈죽은 시인의 사회〉의 피터 위어 감독이 그만의 휴머니즘을 또 다시 그려냈다. 내 인생 최고의 영화 중 하나로 꼽을 만한 걸작이다. 인생의 주인공은 결국 나 자신이라는 사실을 각인시키고자 코미디 영화를 공포 영화로 착각할 만큼 무시무시한 강도의 스토리로 꼬집는다.

다섯 번째 이야기 ⋯ HAPPINESS

행복인 듯 행복 아닌
행복 같은 너

우리는 모두 행복을 꿈꾼다.

복권에 당첨된다면, 이 사업만 성공한다면! 뭔가 어마어마한

'한 방'이 행복을 가져다줄 것이라 착각한다.

하지만 행복은 누군가가 찾아주거나 만들어주는 것이 아니다.

지금 이 순간 내 곁에 있는 행복을 알아차리는 능력이

지금 우리에게 가장 절실하게 필요하다.

행복이 무엇인지도 모른 채 행복강박증에 빠져 있는 상태에서 벗어나

내 옆의 행복을 알아보는 능력을 키우려면 어떻게 해야 하는가.

::: 함께 이야기 나눌 영화 :::

〈슬로우 비디오〉 〈시바, 인생을 던져〉 〈그대를 사랑합니다〉 〈열한시〉 〈댄싱퀸〉

Happiness

느리게 가야 채워진다

by 〈슬로우 비디오〉

불면증으로 오랫동안 고통스럽던 즈음 혹시나 하는 마음에 한의원을 찾은 적이 있다. '이것저것 비싼 약을 권하겠지?' 했던 예상을 완전히 빗나간 한의사의 처방은 바로 '생각을 중단하라'는 한 마디. 순간 드는 생각은 '꽤 양심적이군!'.

그러나 그 다음 나를 지배한 느낌은 황당함이었다.

'엥? 생각을 중단하라고? 그게 가능해?'

나는 질문했다. 뇌사진단이 있지 않는 한 계속 기능하는 뇌를 어떻게 멈출 수 있느냐고, 내 의지로 생각을 시작하고 멈출 수 있는 게 아니지 않느냐고. 그러나 한의사는 단호했다. 가능하단다. 설명인즉 의식은 무의식을 지배할 수 있다는 것이다. 나의 불면증의 원인은 의식이 무의식의 지배를 받기 때문인데, '지금부터 잠을 자겠다'는 의식이 나도 모르게 떠오르는 무의식의 생각들을 지배할 수 있게 되면 자연히 잠을 잘 수 있다는 얘기다. 이론적으로는 이해가 됐지만 이어지는 하늘과 인간의 기운이 어쩌고저쩌고 하는 설명이 하도 괴상해서 '차라리 약을 먹으라 하지 별 희한한 처방도 다 있네.' 하며 댓 발 나온 입을 하고는 병원 문을 나섰더랬다. 불면증 고치려다 괜한 두통까지 얻어가는 것 같았다.

그런데 신기한 일이 생겼다. 얼마 전 한 유명한 모델을 인터뷰한 자리에서 비슷한 얘기를 또 듣게 된 것이다. 그녀의 취미이자 특기인 요가에 대한 질의응답이 한창 오가던 때였다. 요가에서 매우 중요한 명상을 설명하면서 그녀는 말했다.

"명상을 할 때는 무無의 상태가 되어야 해요. 자신을 모두 비우고 나면 스스로가 리셋reset됐다는 느낌이 들 거예요."

나는 또 질문했다. 그게 가능하냐고. 문득 과거 한의사의 말이 떠올라 내 의지로 뇌의 기능을 멈출 수 있는지를 또 물은 것이다.

그녀의 대답은 이랬다.

"집중하는 것에 집중해보세요."

이건 또 무슨 말인가 싶어 이해가 안 간다는 표정을 지었더니 그녀는 설명을 더하는 대신 한 가지 방법을 제안했다. 눈을 감으면 보이는 것, 눈을 감으면 들리는 것에 집중을 해보라는 것이다. 그러면 서서히 의식이 내려온다고.

당장 그날 밤부터 며칠간 실행에 옮겨보았다. 눈을 감아야지만 보이는 것, 눈을 감아야만 들리는 것이 대체 무엇일까…. 첫째 날이 지나고 둘째 날까지도 눈을 감으면 온갖 잡생각이 나를 사로잡았다. 내일 해야 할 일들, 오늘 미처 못 보낸 문자, 급기야 차에 라이트를 제대로 껐는지까지 신경이 쓰였다.

그러다 셋째 날 드디어 변화가 찾아왔다. 우선 하얀 점 같은 것들이 보이기 시작했다. 커졌다 작아졌다 하는 그 점들은 허상의 공간을 떠돌아다니는 먼지 같았다. 곧 똑딱똑딱 시계추 소리도 또렷하게 들려왔다. 몇 분 간격으로 웅웅 돌아가는 냉장고 모터 소리도 들렸다. 어느 순간 '보이는 것'보다 '들리는 것'에 좀 더 집중을 하게 됐고, 적막과 함께 점점 분명해지는 몇 가지 소리를 감상하다 서서히 눈을 떴다. 20분 남짓한 잠깐의 시간이었지만 무언가 야릇한 감정이 가슴속에서부터 벅차오르는 걸 느꼈다. 신기하게도 난 그 20분 동안 정말 아무 생각도 하지 않았던 것이다.

처음으로 내 의식이 의식을 벗어났다는 걸 경험한 순간이었다. 그 한의사의 말은, 진실이었다.

느리게 혹은 일시정지

누군가 행복도 훈련이라고 했다. 반복적으로 꾸준히 노력해야 한다는 말이다. 무엇을? 행복하다는 그 느낌을 갖는 것을. 그 감정을 느껴보지 못한 사람은 계속해서 그 느낌을 모른다. 때문에 자주 행복하다는 느낌을 경험하는 것만이 행복한 삶을 영위하는 비결이라는 것이다.

중요한 건 그 행복이라는 느낌은 모순적이게도 머리가 비워졌을 때 더 잘 느껴진다는 것이다. '머리에서 가슴까지가 가장 먼 거리'라는 말은 아마도 그 둘의 반비례성 때문에 생긴 말이 아닐까 싶다. 한의사의 말도, 그 모델의 말도 사실 맥락은 같은 것이었다.

머리는 쉬게 하고 가슴은 열어라. 시각, 청각, 후각, 미각, 촉각 오감五感이 열리면 가슴은 저절로 열리게 돼 있다. 보이는 것, 들리는 것에 집중하라는 것은 바로 이 오감을 열라는 말이다. 지금까지는 그것이 절로 되는 줄만 알았다. 장애가 있지 않고서야 눈을 뜨면 보이는 게 당연하고, 음식을 먹으면 맛이 느껴지는 게 당연지사 아닌가.

그런데 그건 잘못된 생각이었다. 장부와 벤이 아니었다면 그 생각이 얼마나 큰 착각인지 더 오랫동안 깨닫지 못했을 것이다.

영화 〈슬로우 비디오〉의 여장부는 움직이는 물체를 보는 능력, 즉 동체시력이 매우 발달한 특이장애를 겪고 있다. 남들에게는 전광석화처럼 빠른 순간도 장부에게는 그저 슬로우비디오의 한 장면처럼 느껴질 뿐이다. 그러나 이 뛰어난 시력 때문에 장부는 조금씩 시력이 떨어지고 있었다. 그는 언젠가 잃게 될 시력에 대비해 자신이 사는 동네 길 좀 익힐까 해서 CCTV 통합 관제센터 알바를 시작했다.

수많은 CCTV 화면 안에서 순식간에 사라진 용의자 차량을 찾아낸 장부. 출근과 동시에 군계일학의 면모를 드러내니 주변의 기대와 신망이 나날이 커졌다. 게다가 어린 시절부터 왕따였던 자신을 유일하게 상대해주던 봉수미까지 찾았으니 장부는 이제야 세상이 내 편이구나 싶었다.

장부는 수미가 다니는 길을 혼자 따라가 본다. CCTV 너머의 수미까지 보고 싶어서다. 그리고 이내 수미가 가는 모든 길을 그리기 시작한다. 엄마와 여동생의 동선으로 시작한 그림은 어느새 수미의 동선으로 이어져 이내 장부의 한 쪽 벽 전체가 그림지도로 가득차게 되었다. 불행 중 다행이라고 이 그림 실력은 사실 동체시력으로 얻게 된 재능이다. 느리게 본 장면들이 워낙

인상적이어서 어릴 때부터 남다른 예술적 영감이 되었던 것이다.

결국 시력을 잃고 수미도 떠나갔지만 장부에게는 그림이 남았다. 그리고 그 그림으로 다시 수미를 만날 수 있게 되었다. 너무 늦게 와서 미안하다는 수미에게 장부는 웃으며 이렇게 말한다.

"괜찮아. 어차피 내 세상은, 느리게 가니까."

영화 〈캐쉬백〉에서 벤의 세상도 그러했다. 여자친구 수지와의 이별로 얻게 된 불면증으로 그에게는 매일 8시간의 잉여시간이 남는다. TV를 보고 책을 읽는 것도 하루 이틀, 불면증도 모자라 무료한 밤 시간에 익사당할 즈음, 그의 눈에 들어온 구원의 손길이 있었으니 바로 대형마트의 야간알바생 모집 광고다.

그러나 야밤의 쇼핑족이 어디 그리 많을쏘냐. 그곳에서도 딱히 잉여시간을 채울 길이 없던 벤은 마트 직원들이 나름의 노하우로 시간을 때우는 것을 보고 자신의 필살기를 뽐내기 시작한다. 그것은 다름 아닌 시간 멈추기 기술! 인생의 리모컨에서 일시정지 버튼을 눌렀다고 생각하는 것이다. 그리고 그 멈춰진 시간을 마음껏 누비기 시작한다.

화가를 꿈꾸는 미대생으로 수없이 정물을 감상해온 벤에게 정지해 있는 것에서 매력을 찾아내는 일은 그리 어렵지 않다. 특히 자신만의 정지화면 속에서 볼 수 있는 마트 여직원 샤론의 아름다움은 벤에게 더없이 소중하다. 그녀가 담긴 화폭이 늘어날수록 벤은 점점 그녀의 눈으로 세상을 보게 된다. 샤론과의 새로운 사랑으로 수지와의 아팠던 이별을 잊게 되면서 벤은 말한다.

"예전에 난 사랑이 뭔지 알고 싶었어. 그런데 사랑은 우리가 사랑이 있길 원할 때 존재하더군. 다만 사랑이 아름다움에 둘러싸인 채 삶의 매초 사이에 숨겨진 걸 볼 수 있어야 해. 잠깐 멈춰 서서 숨겨진 그것을 볼 수 없다면 사랑을 놓칠지도 몰라."

삶의 속도를 줄여야 꽃이 보인다

자세히 보아야 예쁘다.
오래 보아야 사랑스럽다.
너도 그렇다.

- 나태주 〈풀꽃〉

나태주 시인의 〈풀꽃〉이라는 시다. 시인의 눈도 장부와 벤의 눈과 같았을까? 장부가 시간을 슬로우비디오로 연출하고 벤이 시간을 아예 멈춰버리는 것처럼 시인의 시간도 '느림' 속에 있던 것이 분명하다. 느림 속에 있을 때 우리는 오감을 사용하게 된다. 물론 이들은 오감 중 유일하게 시각이 특수화됐지만 설사 다른 감각이었다 해도 상황은 크게 다르지 않았을 것이다. 감각은 다 연결돼 있는 데다 한 곳이 퇴화하면 다른 곳이 발달하기 때문에 느낌의 크기와 강도는 줄어들지 않는다. 시력을 잃은 장부가 며칠 내내 자신의 등 뒤에서 함께 걷던 수미를 느낄 수 있었던 건 시력을 잃은 뒤 더욱 예민해진 후각 덕분이었다. 그래서 자신이 있는 줄 어떻게 알았냐는 수미의 질문에 이렇게 답했던 것이다.

"꽃향기가 나니까. 꽃이 피어서가 아니라 네가 와서 봄이야."

현대인들은 '과속의 삶'에 익숙해져 있다. 콘크리트로 둘러싸인 일직선의 고속도로는 편리하고 빠르다. 하지만 삭막하기 그지없다. 사고는 또 얼마나 많이 일어나는가. 나만의 사고로 끝나지도 않아 몇십 중의 충돌을 일으키는 경우도 허다하다.

당최 쉼표도 마침표도 없는 고속도로의 삶 속에서 많은 사람들은 번아웃 증후군burnout syndrome(정신적·신체적 피로로 인해 무기력해지는 증상을 뜻하는 심리학 용어이다. 다른 말로는 탈진 증후군 또는 연소 증후군, 소진 증후군 등으로 불린다.) 환자처럼 살고 있다. 그러면서도 막상 여유가 생기면 그 시간을 어떻게 써야 할지 몰라 당황스러워한다. 오감으로 느끼는 훈련이 전혀 안 되어 있기 때문에 입으로는 휴식을 외치지만 막상 휴식 시간이 주어지면 그것을 버거워하는 것이다. 행복을 지상 최고의 가치라고 여기지만 정작 불행한 삶에서 빠져나오지 못하는 우리의 아이러니.

과속을 멈출 브레이크로 가장 효과적인 방법이 있긴 하다. 무언가를 잃는 것이다. 장부처럼 시력을, 벤처럼 사랑을, 아니면 누군가처럼 건강을, 명예를, 권력을, 가족을, 친구를…. 고속도로도 성에 안 차 아우토반처럼 차를 몰다가 갑자기 뛰어든 야생동물을 발견한 순간이랄까. 야생동물을 치거나, 그것을 피하려다 내 차가 전복되거나, 운 나쁘면 둘 다 죽을 수도 있는 절박한 순간. 이런 상상조차 하기 싫은 순간을 입에 담는 이유는 안타깝게도 이러한 충격요법이나 극약처방만이 삶의 속도를 줄이는 브레이크일 때가 많기 때문이다.

뇌가 죽었다고 사망선고를 내리지는 않는다. 죽음은 심장이 멈췄을 때에만 맞이하는 것이다. 즉 뇌는 죽어도 살 수 있지만 심장이 죽으면 방법이 없다. 그러나 지금 우리의 삶은 죽은 심장을 달고 사는, 살아있어도 살아있는 것이 아닌 삶과 같다. 진정으로 심장을 살아있게 하려면 모든 감각을 열어야 한다. 심장의 고동소리를 듣고 그 성성한 펄떡거림을 느껴야 한다. 오감으로 전해지는 행복은 결국 의지의 문제이다. 의지를 가진 자만이 행복을 누릴 자격이 있다. 결국 내가 불면증의 고통에서 허우적거리며 숙면이라는 행복을 느낄 수 없었던 건 한의사의 말을 흘려들었던 내 박약한 의지 때문이었음을, 이제야 고백한다.

> "시간을 빨리 가게 하거나 느리게 가게 할 수 있고
> 한 순간에 멈출 수도 있지만 시간을 되돌릴 순 없다.
> 이미 저지른 일을 되돌릴 순 없다."

벤이 한 말이다. 미처 되돌릴 수 없는 시간을 두고 후회와 비통과 한탄을 연발하지 말고 조절이 가능할 때 얼른 액셀러레이터에서 발을 떼어보자. 그리고 1차선에서 2차선으로, 2차선에서 3차선으로 조금씩 차선을 변경해보자. 그러다 보면 곧 보게 될 것이다. 국도로 빠지는 이정표를. 이번에 못 나가면 다음에 나가도 괜찮다. 빠져나가는 길은 수시로 있으니까.

어느 멋진 순간 (2006)

감독 : 리들리 스콧

출연 : 러셀 크로우, 마리옹 꼬띠아르 등

배우들의 호연과 프랑스 포도밭의 절경도 일품이지만 자연이 일러주는 삶의 진수가 더없이 깊은 영화다. 자연도 누릴 자격이 따로 있다는 사실을 깨닫게 된다. 당신은 그 자격을 갖춘 사람인가.

리틀포레스트, 리틀 포레스트2 (2014)

감독 : 모리 준이치

출연 : 하시모토 아이, 키리시마 카렌, 마츠오카 마유 등

일본 영화 중에서도 유독 느린 영화다. 그러나 이런 속도여야만 볼 수 있는 것들을 보게 해주고, 느낄 수 있는 것들을 느끼게 해준다. 사계절이 고스란히 담긴 장면들을 보며 자연이 주는 넉넉함과 풍요로움에 절로 감사함을 내뱉게 될 것. 영화 속 가정식들은 보는 것만으로도 침샘이 자극되니 배를 가득 채우고 감상하시길.

행복한 사전 (2013)

감독 : 이시이 유야

출연 : 마츠다 류헤이, 미야자키 아오이, 오다기리 조 등

미우라 시온의 《배를 엮다》가 원작. 우공이산愚公移山이라는 말이 떠오르는 영화다. 하루하루를 충실히 살면서 조금씩 전진하는 삶에 대해 진지하게 성찰하게 된다. 마츠다 류헤이의 묵직한 연기와 오다기리 조의 통통 튀는 매력이 제대로 케미를 터트렸다.

문득 내 인생이
최저점을 찍고 있다고 느낄 때

by 〈시바, 인생을 던져〉

1996년 여름 일명 '똥꼬바지'라는 것이 대유행을 했었다. 짧은 핫팬츠 밑으로 미처 들어가지 못한 엉덩이 살이 드러나는 그 바지는 보면 볼수록 민망했다. 하지만 나를 충격에 빠뜨린 똥꼬바지는 따로 있었다. 지구 반대편 벨기에의 한 작은 마을 브뤼헤라는 곳에⋯.

북쪽의 베네치아라고도 불리는 브뤼헤는 수로가 도시 곳곳에 뻗어 있는 아름다운 마을이다. 수로와 어울리는 녹지도 풍부하다. 끝이 어딘지도 모를 신록이 우거진 공원에 들어섰을 때, 나는 문득 걸음을 멈추었다. 시원한 푸른 잔디밭 위로 꽁지머리를 하고 똥꼬바지를 입은 사람이 있었기 때문이다. 근데 그녀가 아닌 '그'가 그 똥꼬바지를 입었다는 사실 때문에 난 민망함을 넘어 문화적 패닉에 빠져버렸다. 세상에⋯ 이럴 수도 있구나. 세상 참, 허허 허허.

그 이후, 나는 똥꼬바지, 아니 여행의 매력에 푹 빠졌다. 그냥 떠난다는 행위가 좋았다. 낯선 것을 본다는 것, 낯선 사람을 만나고 낯선 문화를 경험하는 그 행위가 주는 쾌감은 세상 어떤 것과도 바꿀 수 없는 소중한 것이 되었다.

머리 속으로는 항상 어딘가로 떠날 궁리를 하는 여행 홀릭이지만 이런 나도 떠난다는 행위 앞에서는 항상 멈칫하는 수순을 밟는다. '그냥 집에서 푹 쉬어볼까? 사서 고생은 이제 그만하고 편히 있는 것도 괜찮잖아?' 익숙함이 주는 편안함을 자진반납하고 말도 안 통하고 아는 사람 하나 없는 낯선 곳을 떠나는 데에는 용기가 필요한 법이다.

여행이란 익숙함과 일상에서 벗어나 나를 돌아보는 것

병태는 다큐멘터리 감독이다. 진짜 인도를 담아보겠다고 막무가내로 밀어붙여 힘들게 힘들게 인도로 날아왔다. 제작사 사장님의 '이번에는 기필코 대박을 내야 한다'는 압력보다 더 마음에 걸렸던 것은 뼈대 있는 집안의 종손인 아버지였다.

경상도 산골의 손때 묻은 고택에서 아버지는 평생을 조상님 모시는 일과 집안의 대소사를 챙기는 일에 매달리셨다. 그런 아버지 눈에 떠돌이 장돌뱅이 같은 다큐멘터리 PD 아들이 좋게 보일 리 없다. 장손이지 않은가. 고향에 내려와 있지는 못할망정 국내에 붙어 있으면서 시제나 각종 제례에 참석이나 했으면 싶은 것이다.

아들 병태는 그런 아버지가 답답하기만 하다. 가문에 매여 하고 싶은 일도 하지 못하는 삶은 살고 싶지 않다. 그래서 "전 아버지처럼 살지 않을 겁니다."를 분명한 어조로 말하며 극구 말리는 아버지를 뒤로 한 채 인도로

왔던 터다.

오만가지 인간 군상이 우글대는 인도는 카메라만 갖다 대면 바로 다큐멘터리가 될 정도로 흥미로운 곳이다. 병태는 이 이국적인 땅에 매료되어 다큐멘터리 제작에 몰두한다. 헌데 잠시 방심했던 걸까. 작은 아이들의 손에 이끌려간 NGO가 실은 질 나쁜 사기집단이었다. 병태는 생사의 갈림길에서 간신히 도망친다. 우연히 만난 한국 여행자들이 도움을 주었기에 망정이지 그렇지 않았다면 인도인들이 장례장소의 으뜸으로 치는 바라나시에서 장례를 치를 뻔했다.

"내가 원하는 컷 알지? 왜 하필 인도인가?
수많은 여행자들이 인도에서 과연 찾고자 하는 것이 무엇인가.
여행을 통해 진정한 자아를 발견하고 인간 본성에 숨겨진
죽음에 대한 두려움의 근본을 밝혀낸다.
팔딱팔딱 살아 숨쉬는 날 것의 느낌."

병태의 이 추상적인 질문에 답하기 위해 한국에서 여행 온 한나의 경우를 살펴보자. 한나는 혈혈단신으로 인도에 여행온 얼굴 반반한 젊은 여성. 멀쩡한 인도 여자들도 성폭행을 당한다느니 납치가 된다느니 하는 흉흉한 뉴스가 심심치 않게 들려오는 판에 여자 혼자 겁도 없이! 게다가 말도 짧다. 처음 보는 아줌마, 아저씨에게도 반말이 기본이다.

그런 한나가 병태는 영 불편하다. 아는 사람이 없다는 익명성에 기대어 약도 피우고 레게머리도 하고 인도인들과 어울리는 게 결코 곱게 보이지 않는다. 병태 역시 부정하려 해도 뱃속까지 경상도 남자니까.

"너 젊은 애가 여기서 뭐 하니? 니 나이 또래 젊은 애들이 얼마나 열심히 사는 줄 알아?"

"사람들 다 자기 손에 있다고 착각하나 본데 안다고 생각하는 순간부터 잘못된 거야. 그 카메라로 뭘 담을 수 있는데? 왜 재수없게 남을 가르치려 들어?"

한나는 폭력적인 편모 슬하에서 상처 많은 성장기를 보냈다. 술에 절어 술 좀 사오라고 악다구니를 쓰는 엄마를 피해 살아왔다. 제발 이런 엄마는 죽었으면 좋겠다고 대거리하고 울먹이며 살아온 시간. 엄마의 사랑? 그런 것도 없었다. 그러니 배배 꼬이고 세상에 적대적이며 삐딱한 시선을 보낼 수밖에. 따뜻함이나 사랑 같은 더운 것들과는 태어난 순간부터 거리가 있었던 것이다.

인도행은 그녀에게 하나의 도피처이자 탈출구였을 것이다. 죽어도 떼어놓을 수 없는 엄마의 욕과 폭력에서 벗어나는 유일한 길은 아마도 무조건 '떠나는 것'이었을 터. 그녀는 엄마와 5500킬로미터가 떨어진 인도에서 생각했을 것이다. 엄마와 나에 대해서. 서로 간의 상처에 대해서. 그 아픔에 대해서. 서로 아플 수 밖에 없었던 이유에 대해서.

현실에서 해결하기 어려운 문제에 부딪혔을 때 우리는 문득 '그냥 확 다 때려치우고 여행이나 갈까?' 하는 생각을 한다. 그 문제가 히말라야 산맥처럼 아득히 높고 도저히 극복이 불가능해 보이는 순간, 떠난다는 행위는 우리에게 구원의 밧줄처럼 다가온다. 그런데 쉬이 그 밧줄을 잡지 못한다. '갑자기 떠나버리면 상사가 좋게 볼 리 없는데.', '내 책상 치워버리는 거 아냐?', '나 없는 일주일을 가족들이 잘 살아갈 수 있을까' 하는 일상적인 문제들이 발목을 잡는다. 그렇게 우리는 그 자리에 그냥 주저앉고 만다. 이런저런 이유를 대어보지만 결국은 일상을 벗어날 용기가 부족한 것이다.

그럼 나를 괴롭혔던 문제는 어떻게 되는 걸까? 아마 십중팔구는 계속해서 나를 괴롭힐 것이다. 고민에 고민을 거듭하다 그 문제에 함몰되어 버릴 수도 있다. 똑같은 인풋input으로 다른 아웃풋output을 기대할 수는 없는 법이니까.

콩을 심은 곳에서는 콩이 난다! 어떤 문제에 깊이 빠져서 힘이 들 때 우리에게 필요한 것은 관점의 전환뿐. 확! 그냥 모든 것을 벗어던지는 용기가 절실히 필요한 것이다.

지금까지의 익숙함과 일상에서 벗어나 현실에서 한 발짝 떨어져서 문제를 바라보면 예전에 보지 못했던 부분들이 드러나기 시작한다. 관점 전환이 되지 못해서, 너무 문제에 빠져 있어서 놓치고 있던 부분이 보이는 것이다. 부분이 아니라 전체를 조망할 수 있게 된다. 이는 화가 났을 때 열을 세어보는 것과 같은 이치다. 열을 세어보는 대신 수만 킬로미터를 날아가는 것이 다를 뿐이다.

다른 환경은 다른 생각을 필연적으로 이끈다. 일상을 벗어나 새로운 곳에서 이런 저런 생각을 하다 보면 단순히 문제 해결에 그치지 않고 '나는 앞으로 어떻게 살까', '뭐가 나의 행복일까'와 같은 보다 근본적인 생각에까지 이르게 된다. 이른바 여행자가 철학자가 되는 순간이다.

리셋이 필요한 순간, 떠나라!

미국에도 그런 여행자가 있었다. 영화 〈와일드〉에 나오는 셰릴 스트레이

드가 그 철학자다. 그녀 스스로가 붙인 스트레이드strayed(제 위치를 벗어나다, 헤매다, 옆길로 새다)라는 성처럼 그녀는 지금 일상에서 벗어나 퍼시픽 크레스트 트레일이라는 무시무시한 도전을 하고 있다.

통칭 PCT로 불리는 이 트레일은 멕시코 국경에서부터 미서부의 황량한 모하비 사막지대를 통과하여 캐나다 북부로 올라가는 엄청난 트레일 코스다. 그녀가 도전을 시작했을 때 지인들은 모두 언제든 그만두고 싶을 때 그만두라고 말했다. 그리고 그녀 자신도 인적 하나 없는 사막에서 스스로에게 되뇐다.

'난 언제든 그만둘 수 있어….'

한나처럼 그녀에게도 깊은 상처가 있어 이런 무모한 도전에 나선 참이다. 그녀는 폭력적인 아버지를 피해 무조건 집에서 도망쳐 나와 엄마와 함께 가난하지만 충만한 삶을 살았다. 엄마는 자살을 해도 이상하지 않을 상황에서도 항상 웃었고, 노래하고 춤을 즐겼으며, 심지어 자상하기까지 했다. 가족의 생계를 책임지느라 깡마른 체구에서 어떻게 그런 에너지가 나오는지 나중에는 대학까지 들어가서 학구열을 불태운다.

뭔가를 알아가고 공부하고 아이들을 사랑하며 엄마로서의 역할을 하는 것이 좋아 죽을 것처럼 보이는 여인. 철이 들고 엄마와 같이 대학을 다니면서 셰릴은 그런 엄마가 점점 이해하기 어려워진다. 돈도 없고 가진 것도 없는데 공부를 하려는 엄마가 현실감이 없어 보이고 지식을 축적하고 엄마의 학식을 넘어선 후에는 교양스럽지 않은 엄마가 부끄럽기도 했을 것이다.

그러나 셰릴이 무슨 생각을 하며 어떤 비난을 하든 충만한 삶을 살던 엄마는 결국 암 선고를 받고 죽는다. 엄마가 죽고 난 후 셰릴은 자신의 뿌리가 송두리째 뽑히는 처절한 고통을 겪는다. 그리고 그녀는 뿌리없는 나무처럼 나뒹굴기 시작한다. 헤로인을 하고, 되는 대로 잡히는 남자와 난교亂交를 하며, 급기야 아빠가 누군지도 모를 아이를 가졌을 때, 그녀는 결심한다. 강하고 책임감 있고 꿈도 있었던, 엄마가 자랑스러워하던 딸로 돌아가리라!

밑바닥 인생에서 스스로를 구원하기 위해 떠난 도전. 엄마와의 추억, 엄마에게 못되게 굴었던 행동들, 삶의 지표를 잃고 쓰레기통에 버리듯 살았던 지난날들을 황량하고 거친 길을 걸으면서 되돌아본다. 극한의 길에서 깨달음의 길로 나아간다. 생각하기도 싫은 안 좋은 기억들이 올라오고 그녀를 옥죄어와도 도망치지 않고 곱씹으며 반추하고 온전히 홀로 씨름한다. 그리고 이를 거듭한 끝에 비로소 엄마가 가르쳐준 단 한 가지의 교훈을 체득한다.

> "내가 너에게 가르칠 것이 하나 있다면
> 네 최고의 모습을 찾으라는 거야.
> 그리고 그것을 찾았으면 어떻게든 지켜내. 그 모습을."

'옴 나마 시바야Om namah shivaya(창조를 위해 파괴의 신 시바에게 귀의합니다).' 신의 품으로 돌아가고자 하는 마지막 주문이 바로 이 '옴 나마 시바야'라는 만트라라고 한다. 우리가 굳이 익숙하고 안락한 일상을 마다하고 떠나는 이유 또한 바로 이 만트라와 같은 맥락이 아닐까.

뭔가가 잘못되었다고 느낄 때, 에너지가 다 떨어졌을 때, 큰 실수로 막다른 골목에 서 있다는 생각이 들 때, 우리는 다시 모든 것을 초기화할 필요가 있다. 컴퓨터로 치면 '리셋'이 필요한 순간이다.

그러니 편안한 일상에 안녕을 고하고 낯선 곳, 낯선 상황에 부짖혀 걷고 새로운 것을 바라보며 새로운 관점과 새로운 생각을 얻어보시라. 막다른 골목도 결국은 막힌 곳이 아님을 확인하고, 해결하지 못한 문제도 스스로 간혀 있었던 틀에 문제가 있었음을 깨닫고, 다시 일상으로 돌아올 수 있을 것이다. 그렇게 리셋된 순간 우리는 전과 같은 일상이 반복될지라도 분명 그 전의 마음과는 다르게 살아갈 수 있게 된다. 그래서 고은 시인도 이렇게 말하지 않았는가.

떠나라

낯선 곳으로

아메리카가 아니라

인도네시이가 아니라

그대 하루하루의 반복으로부터

단 한 번도 용서할 수 없는 습관으로부터

그대 떠나라.

(중략)

떠나는 것이야말로

그대의 재생을 뛰어넘어

최초의 탄생이다. 떠나라.

- 고은 〈낯선 곳〉 중에서

194

사이드웨이 (2004)

감독 : 알렉산더 페인

출연 : 폴 지아마티, 토마스 헤이든 처치, 버지니아 매드슨 등

인생을 따뜻한 시선으로 관조할 줄 아는 알렉산더 페인 감독의 수작. 와인을 찾아 떠난 친구와의 여행. '샛길', '옆길'이라는 제목처럼 인생에서 잠시 옆길로 빠진 것 같을 때, 아니 인생자체가 메인로드에서 펼쳐지지 않을 것 같은 서글픈 생각이들 때 와인 한 잔과 감상한다면 최고의 위로가 될 듯.

먹고 기도하고 사랑하라 (2010)

감독 : 라이언 머피

출연 : 줄리아 로버츠, 하비에르 바르뎀, 제임스 프랭코 등

행복한 결혼생활을 하고 있던 리즈는 문득 뭔가 잘못되었다고 느끼고는 일상이 아닌 곳으로 떠난다. 이탈리아에서 먹고인도에서 기도하며 발리에서 사랑한다. 이름만 들어도 설레는곳에서 가장 하고 싶은 행위를 하고 난 리즈 앞에 나타난 인생은 분명 예전과는 다른 얼굴일 것이다.

헤어드레서 (2010)

감독 : 도리스 도리

출연 : 가브리엘라 마리아 슈메이데, 나타샤 나비주스, 김일영 등

뚱뚱한 중년 이혼녀 카티. 고향에서 새로운 삶을 시작하고자베를린으로 돌아왔지만 녹록지 않다. 외모가 주는 핸디캡에돈은 없고 베트남 난민 남자에게도 차인 처지. 비관하기 딱좋은 상황이지만 무한긍정으로 무장한 그녀는 달랐다. 세상이 끝장난 것 같아도 어디선가 새로운 시작이 기다리고 있으니 절망은 금물이다.

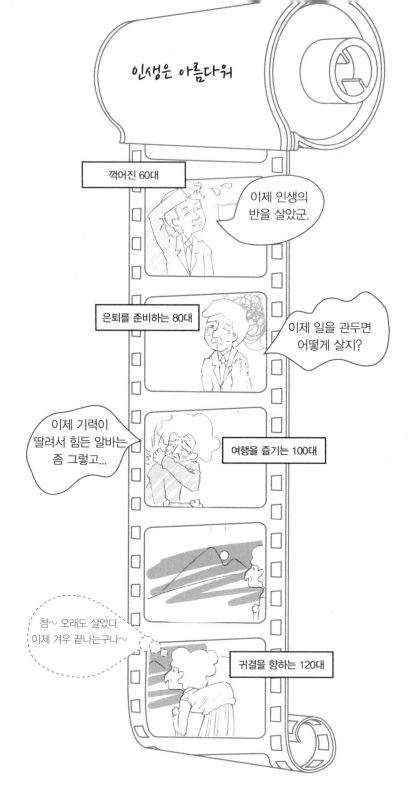

　　　　　　　　　　호모 헌드레드 시대가 열렸다고 호들갑을 떨고
100살을 산다는 의미가 무엇인지 갑론을박하던 때가 엊그제 같은데 이제
는 우리의 기대수명이 100세도 한참 지나 120세라는 예측이 설득력을 얻
고 있다.

　　미래학자 파비엔 구보디망Fabienne Goux-Baudiment에 따르면 평균수명이
120세가 되는 2070년에는 평범한 사람도 결혼을 두세 번 이상 하게 될 것이
라고 한다. 연예인이나 특별히 잘난 사람이 아니라 그냥 나나 당신과 같은
평범한 사람들이 그렇다는 것이다. 과연 정말로 미래의 장수 사회는 기존의
결혼 패턴과 가족제도를 송두리째 바꿔놓을 수 있을까?

　　그런 거대 담론을 생각하기 이전에 나는 문득 두려움이 느껴졌다. 정년
은 아무리 길게 늘게 잡아도 60세를 넘길 것 같지 않은데 그럼 그 후의 60년
은 뭘 먹고 어떻게 살란 말이지? 이게 말이 되나? 이러다가 굶어 죽는 건 아

닐까? 지금 옆에 있는 이 사람이 90년을 함께할 만큼 괜찮은 사람인가? "안
돼!"라는 단말마의 비명이 나오는 것도 무리는 아니다.

인생 후반전! 사랑, 일, 죽음에 대한 준비

김만석은 무뚝뚝하고 불친절한 할아버지다. 속은 깊지만 그런 속을 입 밖
으로 표현하는 데에는 서툴기만 하다. 평생 고생만 한 아내에게 고맙다는 말
한 마디, 사랑한다는 말 한 마디 하지 못하고 버럭버럭 화만 내다가 그만 암
이라는 몹쓸 병에 아내를 빼앗겨버렸다. 죽기 전 아내는 우유를 그토록 마
시고 싶어했다. 암 때문에 마실 수가 없는데도 말이다. 그래서 만석은 그녀
가 떠난 후 사죄하는 마음으로 새벽 우유 배달을 시작한다.

그러다가 어두컴컴한 새벽, 배달 일을 하던 중 운명처럼 한 여인을 조우
한다. 행색은 초라하지만 얼굴은 고운 송씨. 그녀는 폐지 줍는 일을 한다. 종
이상자가 가득한 리어카를 끌고 구불구불한 산동네 길을 종일 누빈다. 산동
네는 노인들에게 만만한 터전이 아니지만 의지할 곳 없고 돈 없는 노인들은
자꾸만 자꾸만 그 윗동네로 내몰리기만 한다.

만석은 상처喪妻한 것만 빼고는 괜찮은 환경에서 살고 있다. 아들, 며느리,
손녀 모두 그를 존중해주며 도리를 다한다. 오히려 성격 꼬장꼬장한 노인네
라 그의 눈치를 보기까지 한다. 하지만 송씨는 태생부터가 기구했다. 일본에
징용간 아버지가 돌아오지 못해 이름도 갖지 못한 채 살았고, 결혼한 남편
에게는 폭력에 시달렸다. 남편이 떠난 후에는 하나 있던 딸마저 병으로 잃
고 말았다. 불행의 종합세트 같은 인생. 말년이라고 다르지 않다. 의지가지
없이 홀로 폐지를 주우며 생활하고 있으니.

일흔이 넘은 나이다. 누군가 사랑을 시작한다고 하면 말릴 나이다. 영화에서도 노인들은 자조적으로 말한다. 우리 나이는 언제 죽어도 이상한 나이가 아니라고. 꼭 그런 물리적인 시간 때문에 반대를 하는 것은 아니다. 우리는 '노년의 사랑'에 대해서 색안경을 끼고 있다. 색안경을 낄 만큼 나이 들어 하는 사랑은 뭔가 다른 걸까?

만석은 자꾸 송씨가 마음에 쓰인다. 그래서 무거운 리어카를 대신 끌어주고 우유 대리점의 빈 우유곽을 모아주며 덤으로 우유 한 개도 서비스로 준다. 마음이 가고 관심이 간다. 자꾸 그녀가 생각난다. 어쩐지 젊은 날의 사랑과 닮지 않았는가?

만날 약속을 하고 그녀가 나올 때까지 하염없이 기다리는 만석. 까막눈인 그녀가 약속 시간을 늦게 알고 허겁지겁 뛰어나가는 모습도, 여태 기다렸냐는 송씨의 말에 감쪽같이 잡아떼며 기다린 게 아니라고 자존심을 세우는 그도 젊은 연인들의 모습과 다른 것이 하나도 없다.

그런데도 우리는 노년에 사랑을 시작하려는 사람들에게 노망이 났다느니 늙어서 주책이라느니 하는 말을 종종 내뱉는다. 하지만 인간은 숨이 넘어가는 그 순간까지 누군가의 사랑을 갈망하고 또 누군가를 사랑하는 존재가 아니던가. 아기가 혼자 노는 것보다 누군가와 노는 것을 좋아하듯 우리는 곁에 누군가가 있기를 바란다. 사랑하는 사람과 함께 하는 것을 즐기고 좋아한다. 그래서 동네 이웃인 장군봉이 치매에 걸려 가출한 아내를 천신만고 끝에 찾아서 힘겹게 업고 가는 뒷모습을 보며 송씨가 중얼거리는 것이다.

"나도 저렇게 늙고 싶었는데."

영화 〈베스트 엑조틱 메리골드 호텔〉에는 더 적극적인 노년의 사랑이 그려진다. 남편이 죽고 인도로 여행 온 에블린은 일행 중 부인과 함께 온 더글러스와 뭔가 통하는 것이 있다고 느낀다. 더글러스의 부인은 불평불만 투성이의 여인. 잰 체하며 주변 사람들을 깔아 뭉개는 묘한 능력이 있다. 평생을 그런 부인을 보아온 더글러스이니 넉넉하게 사람을 이해하는 에블린에게 끌리는 것도 당연지사. 하지만 아무 장애물이 없는 싱글이어도 노년의 사랑은 어려운 법인데 여기는 장애물이 하나 더 있는 셈. 딸의 결혼식까지만이라도 쇼윈도 부부를 지속하려 했지만 더글러스는 과감히 본인의 인생을 선택한다. 영국에서의 쇼윈도 부부 생활이 아닌 인도에서 에블린과 함께 하는 새로운 인생을, 새로운 사랑의 시작을 말이다.

색의 3원색만 있으면 그 어떤 색상도 표현할 수 있는 것처럼 인생의 후반전을 잘 사는 데에도 세 가지 덕목이 필요하다.

그 첫 번째는 '사랑'이다. 나이라는 잣대를 들이대지 말고 사랑이 우리 인생을 유유히 흐를 수 있게 길을 터주는 것, 사랑 앞에 스스로를 옥죄고 가두지 않는 것이야말로 행복이 넘치는 삶의 기본이다.

두 번째로 강조하고 싶은 것은 '일'이다. 영화 〈그대를 사랑합니다〉에 나오는 노인들은 모두 일을 한다. 물론 자아성취와 같은 거대한 뜻이 있는 것은 아니다. 장군봉과 송씨는 생계를 위한 절박함이 일을 하게 만들었고 만석의 경우는 죽은 아내에 대한 사죄의 마음이 일을 하게 만들었다. 이유야 무엇이든 이제 정년까지만 일을 한다는 생각은 더 이상 통하지 않는다. '일일부작일일불식一日不作一日不食'이라고 했다. 당나라의 고승 백장스님이 남긴 이 말은 일하지 않으면 먹을 자격도 없다는 가르침이다. 이 말을 가슴에 새겨야 한다.

200

노인은 순발력은 떨어지지만 그 어떤 일에도 놀라지 않을 배포는 젊은이보다 크다. 암기력은 떨어지지만 넓은 관점과 축적된 삶의 노하우는 충분히 가지고 있다. 산악지대에 있는 어떤 장수 마을에서는 홍수를 방지할 도랑을 개보수하는 일에 90세 이상만이 참여할 수 있도록 했다고 한다. 물길을 읽는 축적된 노하우가 없으면 할 수 없기 때문이란다. 에블린도 인도에서 새로운 일을 시작한다. 콜센터에서 젊은 직원들에게 성난 고객들의 심리를 헤아리고 여유있게 응대하는 법을 전수하는 일이다. 그런 에블린의 얼굴은 사랑에 빠진 여인처럼 환히 빛난다. 자기 일을 가진 당당한 인간이 내보이는 밝은 빛은 사랑만큼이나 일이 우리 인생에 중요함을 방증한다.

마지막으로 갖춰야 할 덕목은 '잘 죽는다'는 것의 의미다. 인생의 마침표를 어떻게 찍을 것인가? 장군봉은 치매에 걸린 아내가 암 말기라는 선고를 받고 나자 살 희망을 잃어버린다. 정신이 온전치 않은 아내가 죽을 고통으로 몸부림치는 것을 보고 그는 결국 동반자살을 결심한다.

영화 〈아무르〉에도 반신불수가 되어 병마와 싸우는 부인을 살해하는 남편의 얘기가 그려진다. 고통에 짓눌려 소리 지르는 아내를 더 이상 방치할 수 없다고, 그냥 두고 볼 수 없다고 생각했을 것이다. 지적이고 고상하던 아내가 인간의 고결함은 온데간데 없이 몹쓸 병마와 싸우는 그 참상을 그는 견딜 수 없어 했다.

나이가 든다는 것은 제 기능을 발휘하던 몸의 여기저기가 서서히 기능이 떨어짐을 의미하기도 한다. 물론 그렇지 않은 행운아도 있겠지만 대부분은 기능이 퇴화되고 심신이 약해지기 마련이다. 잠자듯이 편안히 가고 싶은 것은 우리 모두의 희망이지만 그건 그야말로 실현되기 어려운 '꿈'인지도 모른다. 그렇다면 우리는 보다 적극적으로 죽음을 생각하고 준비해야 한다. 정신이 희미해졌을 때, 혹은 무의미한 연명치료를 하게 되었을 때 과연 나는 어떤 죽음을 원하는지 깊이 생각해보고 내가 원하는 대로 잘 죽을 수 있도록 대비를 해야 하는 것이다.

불길하다고? 아니다. 태어나는 순간 우리는 죽음을 예약한 것이나 마찬가지다. 내 삶의 주체가 나인 것처럼 내 죽음의 주체도 내가 되어야 한다. 결코 다른 사람이 좌지우지하게 내버려둬서는 안 된다. 자각과 지각 능력이라는 인간 고유의 능력을 지키며 죽고 싶은지, 신이 허락한 육신이 움직이는 한 어떻게든 생을 영위하고 싶은지 모두 본인의 판단에 따라야 하는 문제다.

'마음껏 사랑하고 힘껏 일하며 죽음에 대해 묵상하라.'

이것이 100세 시대 우리가 지켜야 할 골든룰이다.

베스트 엑조틱 메리골드 호텔2 (2015)

감독 : 존 매든

출연 : 주디 덴치, 빌 나이, 매기 스미스, 리처드 기어 등

1편과 같은 감독이 메가폰을 잡아 1편만큼 좋은 후속편을 만들었다. 호텔은 확장 일로에 있고 인도에서 새로운 인생을 활기차게 영위하는 영국 은퇴자들의 삶도 확장세에 있다. 인생에 대한 깊은 통찰의 대사에 정신이 번쩍 들 것이다.

버킷리스트 (2007)

감독 : 롭 라이너

출연 : 잭 니콜슨, 모건 프리먼, 션 헤이즈, 비버리 토드 등

시한부 인생을 사는 두 양반이 죽기 전에 하고 싶은 것을 정리하는 모습을 보고 있노라면, 어쩐지 함께 버킷리스트를 작성해보고 싶어질지도 모른다. 추상적이고 개념적인 것이 아닌 아주 구체적인 할 일을 나열해보시라. 어쩌면 오늘 해야 할 가장 중요한 일이 떠오를지도 모르겠다.

장수상회 (2014)

감독 : 강제규

출연 : 박근형, 윤여정, 조진웅, 한지민 등

해병대 출신의 외고집 독불장군 성칠 씨. 홀로 지내는 노년에 사랑하는 여인이 생기지만 알면 알수록 잘 모르겠는 그녀의 속사정. 그와 그녀를 둘러싼 주변 사람들의 비밀이 밝혀지면서 성칠 씨는 더더욱 혼란스러워지기만 한다. 육체의 무병장수만큼 정신의 무병장수도 간절히 기원하게 되는 요즘이다.

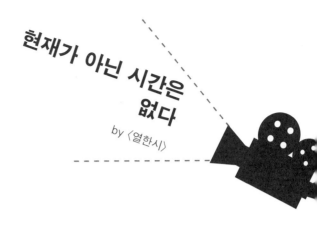

현재가 아닌 시간은 없다

by 〈열한시〉

대학시절 내 별명은 '5분 대기조'였다. 다이어리 속 나의 일과가 빽빽이 짜여 있던 탓에 붙여진 별명이다. 세상의 수많은 집착 가운데 나를 유독 구속했던 것은 다름 아닌 시간이었다.

뒤돌아보면 나는 남들과 다른 24시간을 살았던 것 같다. 똑같이 오늘을 살고 있어도 나의 오늘은 '내일'이었지 싶다. 늘 무언가에 쫓기는 기분이었고 무엇이든 계획한 것을 빨리 끝내놓고 앞으로 나아가야 한다는 강박에 시달렸다. 어려운 집안환경 탓에 하루빨리 사회에 진출해 자리를 잡아야 한다는 생각이 강했던 때문일 수도 있다. 그렇다고 나만 25시간을 사는 것도 아니고, 인생이 계획대로만 흘러가는 것은 더더욱 아닌데 나는 항상 빨리 미래를 맞이하고 싶었고, '미래의 나'로 살고 싶은 마음이 가득했다.

그런 나로부터 20년이란 시간이 흘렀다. 지금의 나는 과연 어떤 모습일까. 불과 5년 전만 해도 나는 지긋지긋했던 과거의 내 모습을 떠올리기조차 싫어했다. '젊어서 고생은 사서도 한다'는 말이나 '아프니까 청춘이다'라는 말은 헉헉대며 산을 오르는 등산객에게 '다 왔다'고 하는 하산객들의 거짓말 같았다. 젊은 시절을 찬양하는 그 어떤 좋은 말도 나에겐 희망고문과 다르지 않았다. 고통은 줄어들거나 없어지는 게 아니라 '끝'이 없어 보였다. 그래서 당시 난 아무리 젊음 그대로 불사영생이 보장된다 해도 '절대 과거의 타임머신은 타지 않으리라'는 부동의 마음이 확고했었다.

그런데 그로부터 5년이 지난 지금의 나는 될 수만 있다면 이대로 시간을 정지해버리고 싶은 마음뿐이다. 가끔은 아프기만 했던 과거가 그리울 때도 있다(정말 상상도 못했던 일이다!). 나이가 들수록 시간의 속도가 왜 이리 빠르게 느껴지는지, 앞을 향해 숨 가쁘게 질주해온 딱 그 시간만큼 반환점을 돌아 다시 제자리로 돌아가고 싶은 마음이다. 과거에는 그렇게 미래로 가지 못해 안달이었는데, 지금은 그 반대이니 나라는 사람은 어찌해도 현재를 제대로 살지 못하는 인간인가 보다.

어떻게 해야 현재를 잘 살 수 있는 것일까? 아니, 그 질문에 앞서 대체 '현재를 산다'는 것은 무엇일까? 계속해서 흐르는 시간대에서 언제, 어디쯤의 시간을 현재라고 규정할 수 있는지, 미래를 먼저 알고, 과거로 다시 돌아갈 수 있다면 현재는 더 행복할 수 있는지 혹시 시간여행을 떠나는 영화에는 답이 있지는 않을까?

미래를 알거나 과거를 바꾸면 오늘이 달라질까

우석은 시간이동 프로젝트 연구를 위해 3년째 바다 밑 기지에서 생활하고 있다. 다리를 쓰지 못하는 투자회사 회장에게 미래는 줄기세포 치료제가 감기약이나 두통약처럼 시판될 것이라며 시간여행을 제안한 우석. 말은 그럴 듯하게 했지만 3년 만에 얻은 결과라곤 딱 하루 동안의 미래여행뿐이다. 그것도 시뮬레이션 상의 성공일 뿐, 실제 실험은 해본 적도 없다.

그런 그에게 투자회사는 더 이상의 재계약 의사가 없음을 통보해온다. 그 투자 '철회' 의사를 '철회'시키기 위해 배수진을 친 우석은 동료들의 만류에도 불구하고 영은과 함께 내일로의 시간이동을 감행한다.

그런데 내일로 가서 본 연구소의 상황은 상상 밖이었다. 연구소를 지키기 위해 내일로 왔건만, 정작 그 시간에 본 연구소는 붕괴하기 일보 직전이었던 것이다. 가까스로 다시 오늘로 돌아온 우석과 영은은 차마 자신들이 본 상황을 동료들에게 전하기 어렵다. 객관적인 상황을 말해줄 수 있는 것은 내일의 연구소에서 다운 받은 하루치의 CCTV 기록들.

그마저 자료가 바이러스에 감염돼 붕괴의 원인을 알아내는 데까지는 역부족인 상황. 우석이 의지할 것이라곤 '미래는 바꿀 수 있다'는 근거 없는 믿음뿐이다. 그런데 CCTV 파일을 복원해 앞으로 일어날 일을 알아내려는 우석과 달리 영은은 우석의 행동을 막기에 바쁘다. 미래의 영은이 이런 충고를 해주었기 때문이다.

"CCTV 파일을 절대로 열면 안 돼. (그걸 보는 순간) 모두가 불행해져."

결국 미래를 알기 때문에 미래로 가는 시간을 통제할 수 있다는 우석의 믿음은 착각이었다. 그걸 모두가 깨닫는 데는 오랜 시간이 걸리지 않았다. 우여곡절 끝에 바이러스를 제거한 CCTV의 상황들은 한 치의 오차 없이 그대로 현실이 되어가고 있었기 때문.

"결국 다 예정대로 흘러가. 다 예정대로….”

우석은 자조와 절망의 일언―를 유언처럼 남긴다. 물론 이 영화는 오픈 결말로 끝난다. 자조와 절망의 일언과는 달리 우석이 미래를 바꿨을지도 모를 여지를 준 채 영화는 막을 내린다. 정말로 우석으로 인해 미래가 바뀐 것인지 그것마저도 원래 예정되어 있었던 일인지를 판단하는 것은 온전히 관객의 몫이다.

다만 이 영화가 던지고 싶은 화두는 이런 것일 게다. 미래가 예정된 대로 흘러갈지 아닐지의 여부보다 더 중요한 것은, 미래의 일을 안다는 것 자체가 행운일까 불행일까를 먼저 생각해보라는 것. 인생에 좋은 일만 일어나지 않는 한, 나에게 언제 어떤 사건사고가 벌어지며 종국에 어떻게 죽게 되는지를 안다는 것이 과연 한 인간의 삶에 어떤 영향을 주는가를 생각해볼 필요가 있다는 말이다. 영은의 입을 통해 전달한 감독의 메시지는 단호하다. 알면 불행해진다고.

이 영화에서처럼 우리가 예정된 일들을 미리 안다고 해도 그 일들을 피해갈 방법은 없다. 하느님의 아들 예수도 자신의 운명을 피해가진 못했다. 그렇다면 과거로 가보는 건 어떨까? 일어난 일을 일어나지 않게 만들고, 일어나지 않은 일을 일어나게 만든다면?

영화 〈어바웃 타임〉의 주인공 팀은 첫 눈에 반한 메리와의 사랑을 이루기 위해 종종 시간여행을 떠난다. 아버지로부터 그 집안의 남자들은 과거로의 타임슬립을 할 수 있다는 말을 들은 후부터다. 처음에는 연애초보자로서의 실수를 만회하거나 더 짜릿한 사랑꾼으로 도약하기 위해 이용했지만 갈수록 더 많은 관계와 더 많은 상황의 변화를 위해 이용하기 시작했다. 가끔은 아기가 태어나기 전으로 돌아갔다가 수정될 때의 정자가 바뀌는 바람에 생판 처음 보는 다른 자식과 조우하게 되는 아찔한 순간도 겪지만, 여동생에게 상처를 준 남자에게 복수를 하거나 그녀의 교통사고를 막는 등 좋은 변화들도 이끌게 되는 팀.

그러나 팀이 아무리 반신반인 같은 능력으로 시간이동을 할 수 있다 해도 아버지의 죽음 앞에서는 속수무책이었다. 모든 인간이 겪는 생로병사를 좌지우지할 수는 없었던 것이다. 무력함에 절망한 아들에게 아버지의 마지막 조언은 '하루를 두 번 살아보라는 것'.

아버지는 왜 그런 조언을 했던 것일까?

카이로스가 현재를 선물로 만든다

그렇다. 예상했던 대로다. 과거로 돌아간다 해도 천지개벽이 이루어지는 게 아니라는 걸 알려주기 위해서였다.

상황을 어떻게 변화시키든 희로애락은 다 거기서 거기, 쳇바퀴 같은 하루의 일상도 다 거기서 거기다. 하지만 아버지는 아들에게 똑같은 하루를 살아도 그 하루를 대하는 '나의 마음'에 따라 그 하루가 다른 하루가 될 수 있다는 걸 알려주고 싶었던 것일 게다.

까다로운 고객 앞에서 잔뜩 쫄던 모습과는 달리 '재수없는 ××'라고 살짝 뒷담화를 까보는 것, 편의점 직원의 상냥한 인사에 사무적이었던 모습이 아닌 눈을 맞추며 인사를 나눠보는 것, 만족스런 일의 결과에 안도만 하는 게 아니라 소리 지르며 실컷 기쁨을 표현해보는 것, 지하철 옆자리 누군가의 이어폰 넘어 들려오는 음악소리에 욱하기보다 기타 반주소리를 떠올려보는 것. 이 모든 게 팀이 같은 날을 두 번 살면서 겪게 된 변화다.

삶이 힘겨울 때가 있다. 계획했던 일이 틀어졌다거나 사랑하는 사람과의 이별을 겪는다거나 하는 특별한 일이 있을 때는 말할 것도 없고, 설사 그것이 충분히 예상되는 일일지라도 일상의 고단함은 누구에게나 찾아온다. 하지만 지겹게 반복되는 일상이라 할지라도 그 시간을 대하는 내 마음은 늘 다르다.

결국 어떤 사건이 벌어지는지가 중요한 게 아니다. 문제는 그 사건을 대하는 내 마음이다. 《고백록》에서 아우구스티누스도 같은 말을 했다. 과거, 현재, 미래는 객관적인 것이 아니라 주관적인 것이라고. 크로노스Chronos(누구에게나 똑같이 주어지는 물리적 시간)가 아닌 카이로스Kairos(각 개인이 체험하는 의미 있는 시간)를 살아야 한다는 철학자들의 충고도 다 같은 맥락에서 나오는 말이다.

팀이 끝내 시간여행을 중단하면서 남긴 마지막 독백은 그래서 중요하다.

> "그저 내가 이날을 위해 시간여행을 한 것처럼, 오늘 하루를 나의 특별하면서도 평범한 마지막 날이라고 생각하면서 완전하고 즐겁게 지내려고 매일 노력할 뿐이다."

시계상의 현재는 75분의 1초에 해당하는 '찰나'의 순간이다. 눈 깜짝할 사이보다 더 짧은 의식하기도 힘든 시간. 없어도 그만, 있어도 그만인 어쩌면 의미 없는 시간일지도 모르겠다. 그래서 사실 시간대는 과거와 미래로만 이루어져 있다고 해도 과언이 아니다.

아니다! 이 생각은 완전히 틀렸다.

시간대는 온전히 현재로만 가득 채워져 있다. 75분의 1초에 해당하는 찰나가 모여 연속성을 갖는 것일 뿐, 현재가 없다면 과거도 미래도 존재할 수 없는 것이다. 그러니 우리가 의식하는 모든 시간은 사실 모두 현재이고 현재였고 현재일 시간이다.

그 현재를 편의상 오늘로 혹은 특정 나이대로 규정하는 것일 뿐, 잊힌 것이 아니라면 과거의 기억도 현재의 일일 것이고, 불안한 혹은 기대에 찬 '아직 일어나지 않은 일'이라도 그것을 의식하고 있는 한 그 일은 현재의 일일 것이다.

아우구스티누스가 말한 "과거는 현재의 과거이고, 현재는 현재의 현재이며, 미래는 현재의 미래"라는 말은 바로 이런 뜻이다. 그래서 지나간 시간에서의 '기억'과 지금의 '직관'과 다가올 시간에서의 '기대' 능력으로 과거, 현재, 미래를 이해하게 된다는 그의 통찰은 매우 중요한 의미를 가진다. 그 능력으로 시간을 채우는 것만이 진정한 카이로스를 사는 것일 테니 말이다.

팀이 깨달은 것 또한 바로 그것이다. 현재(팀에게는 오늘)를 완전하고 즐겁게 살려면 과거의 '기억'을 추려내야 한다. 되도록 좋은 기억만 간직하는 것이다. 그런 의미에서 신이 인간에게 망각을 주신 건 어쩌면 굉장한 축복이 아닐 수 없다.

미래를 '기대'하는 것 또한 현재를 보다 행복하게 만들 수 있는 방법이다. 어차피 우리는 그 시간이 무엇으로 채워질지 알 수 없다. 그러니 불안과 두려움에 떠는 것은 모두 쓸데없는 짓이다.

영어에서 '현재'를 의미하는 **present**에는 의외의 뜻이 하나 더 있다. 바로 '선물'이라는 뜻이다. 75분의 1초라는 '현재'를 인지하긴 어려워도 지금

이 순간 내가 살아있음은 충분히 느낄 수 있다. 거기에 과거의 좋은 '기억'과 미래에 대한 '기대'까지 더해진다면 찰나의 시간인 현재가 신이 주신 선물이라는 사실에 그 어떤 의심이 생길 수는 없을 것이다.

타임 패러독스 (2014)

감독 : 마이클 스피어리그, 피터 스피어이그
출연 : 에단 호크, 노아 테일러, 사라 스누크 등

'3번의 반전, 3번의 충격, 모든 반전을 비웃어라!'라는 영화 포스터의 카피대로 그동안의 모든 시간여행 영화들을 잊게 해줄 수작이다. 우리가 생각하는 과거, 현재, 미래라는 시간적 개념이 얼마나 단순하고 유치했는지 실소를 금치 못할 수도 있다.

이프 온리 (2004)

감독 : 길 정거
출연 : 제니퍼 러브 휴잇, 폴 니콜스 등

실수를 줄이기 위한 최고의 방법은 수없이 시행착오를 겪는 일이다. 그러나 인생을 두 번 살 수는 없는 법. 매순간 후회 없는 선택을 하기 위해 우리는 삶의 기준을 제대로 세워야 한다. 이 영화가 그에 대한 또 하나의 답을 제시해주리라 확신한다.

벤자민 버튼의 시간은 거꾸로 간다 (2008)

감독 : 데이빗 핀처
출연 : 브래드 피트, 케이트 블란쳇, 줄리아 오몬드 등

스콧 피츠제럴드Francis Scott Key Fitzgerald의 동명 소설이 원작이다. 붙잡을 수 없는 유한한 인생살이에서 진정 소중한 순간은 언제일까를 묻고 있다. 브래드 피트의 안정된 연기와 케이트 블란쳇의 섬세한 표정 연기가 비극적 결말을 아름답게 승화시키며 감동을 선사한다.

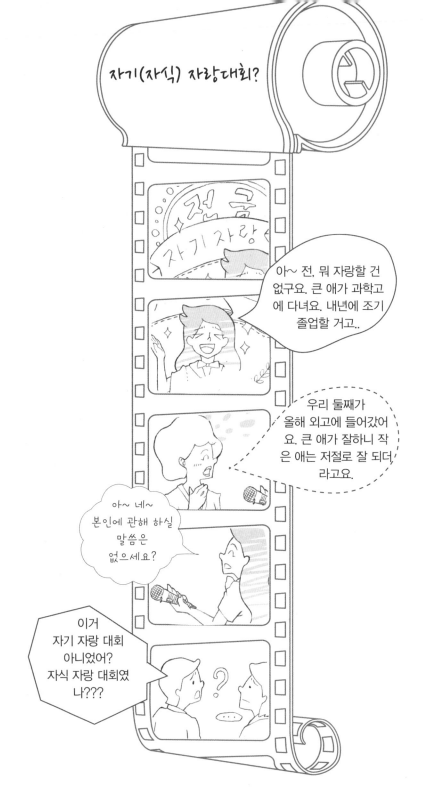

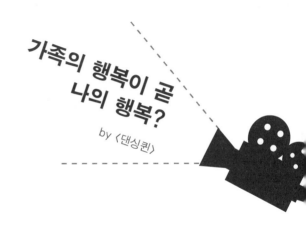

가족의 행복이 곧 나의 행복?
by 〈댄싱퀸〉

신촌 마돈나 정화는 1990년대 신촌 바닥을 주름잡던 잘 나가던 여자였다. 타고난 끼와 흥을 주체하지 못해 나이트에 떴다 하면 DJ가 알아보고 그녀를 무대 위로 이끌었다. '대박' 엔터테인먼트의 실장이 그런 그녀를 놓칠 리 없다. 가수의 꿈이 있다면 연락하라고 명함을 내민다. 하지만 스무 살 그녀는 알지 못했다. 내가 진정 원하는 것이 무엇인지를.

서울 깍쟁이였던 정화의 집에 세들어 살던 경상도 머스마 정민을 우연히 조우하던 날, 운명처럼 민주화 시위의 한복판에 들어서게 되고 정민이 혼수상태에 빠진 '민주화 열사'로 추앙되면서 정화는 빼도 박도 못한 채 그의 수발을 들게 된다. 그리고 둘은 자연스럽게 결혼한다.

정민은 사법고시에 번번이 미끄러졌다. 그러다가 겨우 고시를 패스하고 7전8기 늦깎이 변호사 생활을 시작한다. 하지만 동네 에어로빅 강사로 일을 하던 정화의 팔자가 하루 아침에 펴지는 않는다. 변호사 마누라라고 하면 꽤 잘 살 것이라 생각되지만 그녀의 현실은 남루하기 그지없다. 에어로빅 수업 중에 영혼 없이, 혹은 무언가에 화가 난 것처럼 "아!"라는 기합을 넣는 정화의 목소리를 들으면 그녀의 삶이 얼마나 의미 없고 무료하게 흐르는지 짐작할 수 있다.

그러던 어느 날 〈슈퍼스타K〉에 나가보자는 친구의 말. 지랄하지 말라고 대거리는 했지만 '한 번 해볼까?'라는 생각이 없지는 않다.

엄마에게도 꿈이 있었다

"엄마 꿈은 가수였다는데 지금 엄마를 봐요.
난 엄마처럼 저렇게는 안 살 거에요."

친정 엄마가 담가준 오이소박이를 맛나게 먹다가 순간 얼음이 되고 만 정화. 딸 연우의 고사리 손이 뒤통수를 1톤 무게로 확 치는 느낌이었다. 어린 딸의 눈에 맨날 청소하고 밥하고 집안 일하는 엄마가 어찌 보였을까. TV에 나오는 화려한 가수와는 백만 년 정도 거리가 있어 보였을 것이다. 그래서 딸은 엄마처럼 안 살려고 실현 가능한 공무원을 꿈꾼다.

"뭐? 슈퍼스타K? 아이고 소는 누가 키우는데?"

딸에 이어 남편의 개무시가 그녀의 망설임을 단박에 날리며 도전 의욕을 불태우게 만든다. 남편에게 짓뭉개진 자존심을 되찾기 위해, 빛나던 시절을

216

되돌리기 위해 그녀는 친구와 함께 피나는 노력을 한다. 살을 빼고 노래와 안무 연습에 여념이 없다.

그럼에도 정화는 예선 탈락의 고배를 마시고 만다. 날고 기는 젊은 애들이 가득한 경연장에서 나이와 몸매, 친구의 가창력 부족이라는 한계를 넘지 못한 것. 억울함과 분함에 한우도 마다하고 눈물을 흘리는 정화에게 남편은 한 술 더 뜬다.

"그래 내가 뭐랬노. 세상이 그리 만만한 게 아니라고 했제?
니가 실력이 모자라는걸 우짜겠노."

이제 정화는 이를 더 앙다문다. 지성이면 감천이라고 했던가. 우연한 기회에 데뷔 직전의 성인돌 멤버로 들어가게 되고 남편에게 말할 기회를 놓친 채 데뷔 준비에 열중한다.

한편 정화가 가수의 꿈을 이루기 위해서 피땀을 흘리고 있을 즈음, 남편 역시 국민변호사로 얼굴이 알려지며 서울시장 경선에 출마하게 된다.

경사가 분명한데도 정화는 불안하다. 정치인의 아내가 성인돌? 이 안 어울리는 조합을 어떡하지? 이탈리아나 프랑스라면 문제될 게 없겠지만 우리는 아니지 않은가. 언론에 비치는 정치인 아내의 모습을 보라. 다들 다소곳한 인상에 그림자처럼 내조하는 모습뿐이다.

정화의 고민은 깊어진다. 하지만 20년 묵은 꿈이 이제 막 만개하려는 찰나 정치인이 되려는 남편을 위해서 내 꿈을 접어야 하나? 이리 생각하고 저리 생각해도 답이 나오질 않는다.

"그깟 가수 나부랭이가 무슨 꿈인데?"

"함부로 말하지 마. 당신한텐 아무것도 아니겠지만 나한테는 소중한 꿈이야. 애 키우고 당신 뒷바라지 하느라고 가슴 속에 묻어놨던 소중한 꿈이라구!"

"아 그래? 그동안 하기 싫은 내 뒷바라지 하느라고 수고 많았다. 그러니까 인자 편안하게 살게 해줄 테니까 그냥 입 닥치고 조용히 살라고."

"싫어. 그렇게 살기 싫어. 그렇게 못해. 당신 꿈만 꿈이고 내 꿈은 아무것도 아니야? 왜 내가 맨날 포기하고 희생해야 하는데? 우리 엄마 아빠가 평생 너 하나만 뒷바라지하라고 나 낳아주고 키워준 거 아니거든?"

결혼 때문에, 육아 때문에 본인의 꿈을 접는 이 땅의 여성들은 숱하다. 그러나 그런 여자가 꿈을 이루는 여자보다 많으니까 너도 그렇게 살라는 말은 한 사람의 인생을 철저하게 파괴하는 폭력행위와 진배없다. 돈 잘 벌어다 줄 테니까 넌 가만히 있으라는 정민의 말은 그래서 귀싸대기를 때리는 손보다 더 아프게 정화의 가슴을 비수로 꽂는다.

세상 어느 부모가 자기 딸이 남편 하나 잘 만나 기생하듯 살기를 바라겠는가. 정화의 말대로 남편 뒷바라지하라고 딸 낳아 키우는 것이 아니다. 이 아이가 크면 뭐가 될까? 어떻게 자라서 어떤 일을 하게 될까? 아들과 똑같이 기대하고 상상하며 즐거워한다. 그런데도 애지중지 키운 그 딸이 결혼하고 아이를 낳으면 육아에 밀려, 가정의 평화를 위해… 등등의 온갖 이유로 꿈을 포기한 채 그늘로 숨어버린다.

정화가 남편의 말대로 모든 것을 포기하고 가정주부로 돌아갔으면 어떻게 되었을까? 서울시장의 부인이 되었다고 치자. 관저에 살며 시장 부인의 직무를 수행하게 될 테지만, 노래하고 춤추는 댄스 가수가 꿈이었던 사람에게 그런 자리는 사이즈가 작은 옷을 입은 것처럼 답답할 수밖에 없을 것이다. 비만 줄이기 캠페인의 일환으로 춤을 춘 미셸 오바마처럼 정화도 그럴 수 있으면 모르겠지만 우리나라는 그런 문화도 아니지 않은가.

아이에게 쏟아 붓는 과도한 집착은 삶의 불만족이 투영된 결과

자, 그렇게 되면 이제 정화의 숨통을 트여줄 유일한 탈출구는 "엄마처럼 살지 않을 거야."를 똑 부러지게 외치는 딸이 되는 수밖에 없다. 그와 더불어 "그래 너는 나처럼 살지 말아라"를 합창하며 남편에게 휘둘리지 않는 삶을 살도록 심혈을 기울여 딸을 키울 수밖에 없다.

과도한 집착? 나타날 가능성이 농후하다. 딸만이 유일한 삶의 희망이 될 테니 욕구불만이 과도한 아이 교육으로 이어질 수 있다. 게다가 나의 꿈과 아이의 꿈이 동일시되는 것이므로 행여라도 아이가 실패할까 봐 전전긍긍하게 될 것이다. 나의 실패를 아이가 또 겪으면 안 되니까.

그래서 아이가 새벽 두 시까지 인터넷 강의를 들으면 옆에서 꾸벅꾸벅 졸더라도 같이 앉아 있는 것일 게다. 공부 방법을 강요하고 장래희망을 강요하는 이유 또한 다르지 않다. 요즘은 더 문제인 게 이러한 동일시 현상이 학창시절에서 끝나는 게 아니라는 것이다.

대학교수에게 찾아가 왜 아이 학점이 이것밖에 되지 않느냐고 따져 묻는 것은 애교로 봐줘야 한다. 회사에 찾아가 야근이 너무 잦다는 둥, 이 회사의 누구를 우리 딸이 호감있게 본다는 둥 결혼 압력까지 행사한다고 하니 이쯤 되면 역^逆 분리불안 증세를 엄마들이 겪고 있는 것은 아닌지 의심해 봐야 할 것이다.

어느 시점이 되면 아이는 부모의 품을 떠나 온전한 자아로 성장해야 하는데 그 길이 원천봉쇄되어 있는 셈. 캥거루족이 많이 양산되는 데에는 다 자란 새끼를 육아낭에 무조건 집어넣으려는 왜곡된 모성이 한몫한다는 사실을 간과해서는 안 된다.

간이고 쓸개고 다 빼줘서 아이가 성공했다고 치자. 그럼 여한이 없어야 하는데 어째 남는 것은 후회뿐인 듯하다. 아들 자랑만이 유일한 낙인 영화 〈수상한 그녀〉의 칠순 할매 오말순 여사를 보라. 젊은 몸으로 돌아가는 행운을 거머쥔 뒤 결국 '이제는 다르게 살고 싶다. 마음이 시키는 대로 마음껏 살고 싶다' 하지 않는가. 물론 오말순 여사 시대에는 어쩔 수 없는 선택이었을 것이다. 남편도 없이 아들을 키운다는 것이 그녀에게는 지상 과제였을 터.

하지만 70년이나 흐른 지금, 모든 상황이 달라진 요즘도 왜 오말순 여사처럼 자식 하나만 보고 살아가는 엄마들이 많은 걸까? 여러 가지 원인이 있겠으나 꿈을 이루기 위해 끝까지 물고 늘어지지 못하는 여자 스스로의 의지 부족과 여자의 꿈을 좌절시키는 우리 사회의 구조적 문제가 한몫하지 않는가 싶다.

엿가락처럼 늘어나기만 하는 업무 시간, 시차출퇴근제를 하는데도 눈총을 주는 사회 분위기, 경력단절 여성에게 유난히 좁은 취업문 등 여성에게 불리한 사회구조는 아직도 철옹성처럼 단단하다. 안심하고 아이를 맡길 곳도 변변치 않은 대한민국은 여성의 일과 아이는 병립이 아닌, 둘 중 하나를 선택해야만 하는 냉혹한 사회일 뿐이다. 이런 구조적인 문제만이라도 어느 정도 해결되어야 여자 스스로 일을 찾고 꿈을 이루는 분위기가 형성될 텐데 어쩐지 가까운 미래에 이루어질 것 같지 않아 가슴이 답답해진다.

사회구조적 문제만이 여성의 꿈을 좌절시키는 것은 아니다. 전업주부인 내가 직업을 가진다고 했을 때 남편이 어떤 반응을 보일지 생각해보자. "얼마나 번다고 나갈려고 그래."부터 시작해서 "애들은 어쩔 거냐." 등등 모든 안 되는 이유를, 주저앉히려는 오만가지 이유를 줄줄이 내뱉을 것이다.

맞벌이 부부는 어떤가. 집안일을 하면서도 "내가 할게."가 아닌 "내가 도와줄게."라고 뻔뻔하게 말하는 남자들이 대다수다. 한국여성정책연구원이 2012년에 실시한 '맞벌이 부부 가사노동 시간' 조사를 보면 맞벌이 여성이 3.3시간 가사노동을 할 때 남성은 41분 일하는 것으로 나타났다. 남편의 가사노동 시간만 늘어나도 워킹맘에 도전하는 여성의 비율은 늘어나지 않을까?

"제 아내는 정치인 황정민의 아내이기 이전에 한 인간입니다.
절대 저의 부속물이 아닙니다.
가족은 같이 손을 잡고 희망을 찾아가는 존재여야 합니다."

가족은 남이 아니다. 가족이 행복하면 나도 행복하다. 하지만 가족의 행복이 나의 행복과 정확히 일치하지는 않는다. 아이들을 다 키우고 나서 뒤늦게 학위에 도전하거나 새로운 사업에 도전하는 여성들을 보면 충분히 그것을 짐작할 수 있다.

우리 모두는 하나의 객체이다. 부속물이 될 수 없다. 남편이든 아이든 누구에게 딸려가는 인생이라는 것은 존재하지 않는다. 그러니 지금 마음속에 뭔가를 하고 싶은 작은 불꽃이 남아 있다면 살리기 위해 부단히 노력하자. 내 곁의 누군가가 그런 노력을 하고 있다면 옆에서 쉬지 않고 풀무질을 해 주는 것 역시 우리의 몫이다.

내니 다이어리 (2007)

감독 : 샤리 스프링어 버먼, 로버트 풀치니
출연 : 스칼렛 요한슨, 로라 린니, 폴 지아마티, 크리스 에반스 등

뉴욕 상류층의 보모 일기. 아이에게 쏟아붓는 과도한 집착은 결국 내 삶의 불만족이 투영된 결과라는 평범한 진리가 엄청난 돈지랄과 함께 잘 드러나 있다. 이래저래 불쌍한 건 부모의 사랑을 받아본 적 없는 아이라는 생각이 든다.

어바웃 슈미트 (2002)

감독 : 알렉산더 페인
출연 : 잭 니콜슨, 더모트 멀로니, 캐시 베이츠 등

은퇴 후 가족과 함께할 행복한 말년을 꿈꾸던 슈미트에게 찾아온 인생 풍파. 급사한 아내의 숨겨진 애인과 결혼을 강행하는 딸은 그를 열 받게 만든다. 하지만 그는 결국 깨닫는다. 인생의 행복이란 나의 신념으로 누군가를 바꾸는 것이 아니라 작고 소소한 마음의 교감에서 온다는 사실을.

어바웃 어 보이 (2002)

감독 : 폴 웨이츠, 크리스 웨이츠
출연 : 휴 그랜트, 니콜라스 홀트, 캐시 베이츠 등

철들지 않았던 어른의 철드는 이야기. '인간은 섬이 아니다'라는 명제에 온 몸으로 반항했던 윌의 변화 드라마. 타인의 행복이 나의 행복과 정확히 등가는 아니지만 사랑하는 사람들에게 둘러싸여 있으면 행복지수가 올라가는 것은 분명하다.

이제 진짜 현실로 나아갈 시간이다!

영화가 끝났다. 엔딩 크레딧이 올라가고 서서히 사람들이 웅성거리며 주섬주섬 옷가지며 가방을 챙긴다. 깜깜하던 극장 안에 불이 켜지고 관객들은 출구를 향해 나간다. 두 시간 동안의 낯선 여행을 마치고 현실로 돌아오는 시간.

환상에서 현실로 돌아가는 얼굴은 모두 제각각이다. 현실의 피로감에 절어 한 숨의 잠을 청한 얼굴도 있고 시간과 돈이 아깝다는 표정도, 어서 빨리 SNS에 '좋아요'를 누르고 싶어 하는 손놀림도 보인다.

우리가 준비한 22편의 영화는 당신에게 어떤 인상을 남겼을까 궁금하다. 격하게 공감이 되는 영화도 있었을 것이고 닮고 싶은 인생을 담은 영화도 있었을 것이다. 사랑을 하고 싶게 만드는 영화도, 저런 죽일 놈이 등장하는 영화도 물론 있었을 것이다. 중세 고딕 성당의 기다란 스테인드글라스의 알록달록한 색깔처럼 당신의 마음에도 22가지의 다른 마음의 조각들이, 생각의 단상들이 남겨졌을 것이다.

상관없다. 우리의 책은 원래 우리가 만든 스테인드글라스 색만을 고집하지 않는다. 원래 스테인드글라스가 그렇지 않은가. 태양의 강도와 빛에 따

224

라서 하루에도 몇 번씩 미묘하게 다른 색감을 나타내고, 그런 다양함과 비정형성이 선사하는 아름다움이 있는 것. 그래서 뭐가 정답이고 뭐가 오답인지는 중요하지 않다. 나와 같은 지구상에 살아가는 사람들이 이렇게 다양하고 흥미로운 생각과 행동을 하고 산다는 것을 느끼면 된다. 그리고 그럴 수 있는 것이 우리가 사는 인생이라고 고개를 끄덕일 수 있으면 더없이 고마운 일이라고 생각한다.

프롤로그에서 밝혔듯이 우리 두 사람도 똑같은 스테인드글라스를 가지고 있지 않다. 때때로 같은 영화에 대해서, 같은 사안에 대해서 의견을 나누다가도 속으로 깜짝 놀랄 때가 있다. '나와 같은 생각일 줄 알았는데!' 하지만 그렇다고 해서 내가 친구의 스테인드글라스에 돌을 던지는 일은 없다. 다른 생각을 가졌어도 우린 변함없이 서로를 좋아하고 존중하며 친하게 지낸다. 복제가 아닌 이상, 똑같은 마음이 존재할 수 없다는 사실을 잘 알고 있기 때문이다.

책을 준비하면서 왜 우리는 서로를 이해하지 못하고 싸우는 걸까? 힘들게, 마치 투쟁하듯이 살 수밖에 없는 걸까? 하는 생각이 하나의 화두였다.

공감이 안 되는 마음, 이해를 할 수 없는 상황과 행동들에 대해서 서로 수용의 폭을 넓히는 계기를 우리 책이 제공할 수 있다면 좋겠다고 생각했다. 욕망이 부딪치고 이해관계가 얽히고설키는 '사랑', '돈', '출세', '위선', '행복'의 영역을 선정한 것도 그런 이유에서였다.

이제 우리의 책은 끝났다. 책을 다 읽은 당신은 지금 현실에서 어떤 영화를 찍고 있는지 모르겠다. 애정영화일지 직장 미스터리일지 혹은 아주 박진감 넘치는 스릴러물일지…. 변하지 않는 사실은 당신이 주인공이라는 것이다. 또 하나! 조연 중에는 분명히 내 편도 있고 남의 편도 있을 것이란 사실이다.

그들과 당신이 엮어내는 줄거리는 분명 기승전결이 있는, 극적 구성이 될 것이다. 그러므로 그들이 왜 그런 행동을 하는 것인지 동기를 이해한다면 당신의 각본대로 끌고 갈 확률이 높아진다. 해피엔딩으로 끝낼 수 있을지 없을지는 모두 당신의 역할에 달렸다.

자, 이제 진짜 책을 덮고 당신의 '영화 같은 현실'로 나아갈 시간이다!

첫 번째 이야기 … LOVE
너희가 사랑을 알아?

- 영화 〈글루미 선데이〉 포스터_ 출처: 영화진흥위원회 홈페이지
- 영화 〈언페이스풀〉 포스터_ 배급: 에이라인, 출처: 영화진흥위원회 홈페이지
- 영화 〈캐논 인버스〉 포스터_ 배급: 굿타임엔터테인먼트, 출처: 네이버 영화
- 영화 〈김종욱 찾기〉 포스터_ 제작: ㈜ 수필름, 출처: 영화진흥위원회 홈페이지
- 영화 〈이터널 선샤인〉 포스터_ 제작: 포커스피쳐스, 출처: 영화진흥위원회 홈페이지
- 영화 〈리그렛〉 포스터_ 출처: 영화진흥위원회 홈페이지
- 영화 〈레볼루셔너리 로드〉 포스터_ 배급: 씨제이엔터테인먼트㈜, 출처: 영화진흥위원회 홈페이지
- 영화 〈레볼루셔너리 로드〉 포스터_ 배급: 이십세기폭스코리아㈜, 출처: 영화진흥위원회 홈페이지
- 영화 〈디센던트〉 포스터_ 배급: 이십세기폭스코리아㈜, 출처: 영화진흥위원회 홈페이지
- 영화 〈너는 내 운명〉 포스터_ 제작: ㈜ 영화사봄, 출처: 영화진흥위원회 홈페이지
- 영화 〈내 남자의 아내도 좋아〉 포스터_ 배급: ㈜ 씨지브이신도림, 출처: 영화진흥위원회 홈페이지
- 영화 〈마더〉 포스터_ 제작: ㈜ 바른손, 출처: 영화진흥위원회 홈페이지
- 영화 〈가족의 탄생〉 포스터_ 제작: 블루스톰㈜, 출처: 영화진흥위원회 홈페이지
- 영화 〈인생은 아름다워〉 포스터_ 출처: 영화진흥위원회 홈페이지

두 번째 이야기 … CAPITALIISM
뭐니 뭐니 해도 머니

- 영화 〈마진콜: 24시간, 조작된 진실〉 포스터_ 배급: ㈜ 팝파트너스
  출처: 영화진흥위원회 홈페이지
- 영화 〈더 울프 오브 월 스트리트〉 포스터_ 배급: 주식회사 우리네트웍스
  출처: 영화진흥위원회 홈페이지
- 영화 〈월 스트리트: 머니 네버 슬립스〉 포스터_ 배급: 이십세기폭스코리아㈜
  출처: 영화진흥위원회 홈페이지
- 영화 〈내일을 위한 시간〉 포스터_ 배급: 그린나래미디어㈜
  출처: 영화진흥위원회 홈페이지
- 영화 〈설국열차〉 포스터_ 제작: ㈜ 모호필름 / 오퍼스픽쳐스, 출처: 영화진흥위원회 홈페이지
- 영화 〈또 하나의 약속〉 포스터_ 제작: ㈜ 또하나의가족 제작 위원회 / ㈜ 에이트볼픽쳐스,
  출처: 영화진흥위원회 홈페이지
- 영화 〈타짜─신의 손〉 포스터_ 제작: 싸이더스 픽쳐스, 출처: 영화진흥위원회 홈페이지
- 영화 〈카운슬러〉 포스터_ 배급: 이십세기폭스코리아㈜, 출처: 영화진흥위원회 홈페이지
- 영화 〈지골로 인 뉴욕〉 포스터_ 배급: ㈜ 나이너스엔터테인먼트
  출처: 영화진흥위원회 홈페이지
- 영화 〈하녀〉 포스터_ 제작: 김기영 프로덕션, 출처: 영화진흥위원회 홈페이지
- 영화 〈돈의 맛〉 포스터_ 제작: 휠므빠말주식회사, 출처: 영화진흥위원회 홈페이지
- 영화 〈아부의 왕〉 포스터_ 제작: ㈜ 황금 주전자, 출처: 영화진흥위원회 홈페이지

세 번째 이야기 … HYPOCRISY
내 속엔 내가 너무도 많아

- 영화 〈모범시민〉 포스터_ 배급: ㈜ 시너지하우스, 출처: 영화진흥위원회 홈페이지
- 영화 〈브이 포 벤데타〉 포스터_ 제작: 실버 픽쳐스 / 워너 브러더스 픽쳐스,
  출처: 영화진흥위원회 홈페이지

- 영화 〈범죄와의 전쟁〉 포스터_ 제작: ㈜ 팔레트픽처스 / ㈜ 쇼박스, 출처: 영화진흥위원회 홈페이지
- 영화 〈그랜 토리노〉 포스터_ 배급: 워너브러더스 〈코리아〉㈜
  출처: 영화진흥위원회 홈페이지
- 영화 〈어거스트: 가족의 초상〉, 배급: 주식회사 우리네트웍스
  출처: 영화진흥위원회 홈페이지
- 영화 〈복수는 나의 것〉 포스터_ 제작: ㈜ 스튜디오박스, 출처: 영화진흥위원회 홈페이지
- 영화 〈블루 재스민〉 포스터_ 배급: ㈜ 인벤트스톤, 출처: 영화진흥위원회 홈페이지
- 영화 〈관능의 법칙〉 포스터_ 제작: ㈜ 명필름, 출처: 영화진흥위원회 홈페이지
- 영화 〈멋진 하루〉 포스터_ 제작: ㈜ 스폰지이엔티 / ㈜ 영화사 봄, 출처: 영화진흥위원회 홈페이지
- 영화 〈존 말코비치되기〉 포스터_ 제작: 프로파간다 필름, 출처: 영화진흥위원회 홈페이지
- 영화 〈제로 포커스〉 포스터_ 배급: 씨제이엔터테인먼트㈜
  출처: 영화진흥위원회 홈페이지
- 영화 〈내 인생을 훔친 사랑스러운 도둑녀〉 포스터_ 국내개봉 사실 없음,
  출처: 영화진흥위원회 홈페이지

네 번째 이야기 ··· SUCCESS
내가 제일 잘 나가

- 영화 〈프레스티지〉 포스터_ 배급: 워너브러더스 〈코리아〉㈜
  출처: 영화진흥위원회 홈페이지
- 영화 〈2LDK〉 포스터_ 제작: 미코트&바사라, 출처: 영화진흥위원회 홈페이지
- 영화 〈매직 인 더 문라이트〉 포스터_ 배급: ㈜ 인벤트스톤, 출처: 영화진흥위원회 홈페이지
- 영화 〈악마는 프라다를 입는다〉 포스터_ 배급: 이십세기폭스코리아㈜,
  출처: 영화진흥위원회 홈페이지
- 영화 〈모나리자 스마일〉 포스터_ 배급: 한국소니픽쳐스릴리징브에나비스타영화㈜
  출처: 영화진흥위원회 홈페이지
- 영화 〈그 여자 작사 그 남자 작곡〉 포스터_ 배급: 워너브러더스 〈코리아〉㈜
  출처: 영화진흥위원회 홈페이지

- 영화 〈호로비츠를 위하여〉 포스터_ 제작: 싸이더스 픽쳐스
  출처: 영화진흥위원회 홈페이지
- 영화 〈빌리 엘리어트〉 포스터_ 배급: UIP코리아, 출처: 영화진흥위원회 홈페이지
- 영화 〈어거스트 러쉬〉 포스터_ 제작: 사우스포우 엔터테인먼트, 출처: 영화진흥위원회 홈페이지
- 영화 〈청담보살〉 포스터_ 제작: ㈜ 전망좋은 영화사, 출처: 영화진흥위원회 홈페이지
- 영화 〈스트레인저 댄 픽션〉 포스터_ 배급: 한국소니픽쳐스릴리징브에나비스타영화
  출처: 네이버 영화 홈페이지
- 영화 〈트루먼 쇼〉 포스터_ 제작: 파라마운트 픽쳐스, 출처: 영화진흥위원회 홈페이지

다섯 번째 이야기 ⋯ HAPPINESS
행복인 듯 행복 아닌 행복 같은 너

- 영화 〈어느 멋진 순간〉 포스터_ 제작: 이십세기폭스필름코퍼레이션,
  출처: 영화진흥위원회 홈페이지
- 영화 〈리틀 포레스트 2〉 포스터_ 배급: ㈜ 영화사 진진, 출처: 영화진흥위원회 홈페이지
- 영화 〈행복한 사전〉 포스터_ 배급: 씨네그루㈜ 다우기술·출처: 영화진흥위원회 홈페이지
- 영화 〈사이드웨이〉 포스터_ 배급: 이십세기폭스필름코퍼레이션
  출처: 영화진흥위원회 홈페이지
- 영화 〈먹고 기도하고 사랑하라〉 포스터_ 배급: 한국소니픽쳐스릴리징브에나비스타영화㈜,
  출처: 영화진흥위원회 홈페이지
- 영화 〈헤어드레서〉 포스터_ 배급: ㈜ 영화사 진진, 출처: 영화진흥위원회 홈페이지
- 영화 〈베스트 엑조틱 메리골드 호텔2〉 포스터_ 배급: 20세기폭스
  출처: 네이버 영화 홈페이지
- 영화 〈버킷리스트〉 포스터_ 배급: 워너브러더스 〈코리아〉㈜,
  출처: 영화진흥위원회 홈페이지
- 영화 〈장수상회〉 포스터_ 제작: ㈜ 빅픽쳐 / 씨제이이앤엠㈜
  출처: 영화진흥위원회 홈페이지
- 영화 〈타임 패러독스〉 포스터_ 배급: (유)조이앤컨텐츠그룹, 출처: 영화진흥위원회 홈페이지

- 영화 〈이프 온리〉 포스터_ 제작: 인터미디어필름 / 아웃로 프로덕션즈 / 테이피스트리 필름, 출처: 영화진흥위원회 홈페이지
- 영화 〈벤자민 버튼의 시간은 거꾸로 간다〉 포스터_ 제작: 파라마운트 픽쳐스 / 워너 브러더스 픽쳐스, 출처: 영화진흥위원회 홈페이지

영화가 말했다
욕망에 가득찬 우리의 민낯

초판 1쇄 발행 2015년 9월 25일

지은이 이승연, 김용희
펴낸이 윤주용

펴낸곳 초록비책공방
출판등록 2013년 4월 25일 제2013-000130
주소 서울시 마포구 월드컵북로 400 문화콘텐츠센터 5층 19호
전화 0505-566-5522 팩스 02-6008-1777
메일 jooyongy@daum.net

ISBN 979-11-86358-03-0 03680